영화가
2012년
12월 21일
이후를
예언하다

영화가 2012년 12월 21일 이후를 예언하다

1판 1쇄 인쇄일_ 2012년 4월 2일 ㅣ 1판 1쇄 발행일_ 2012년 4월 10일 ㅣ 지은이_ 장세계 ㅣ 펴낸이_ 류희남 ㅣ 편집장_ 권미경 ㅣ 교정교열_ 황성돈 ㅣ 펴낸곳_ 물병자리 ㅣ 출판등록일(번호)_ 1997년 4월 14일(제2-2160호) ㅣ 주소_ 110-070 서울시 종로구 내수동 4번지 옥빌딩 601호 ㅣ 대표전화_ (02) 735-8160 ㅣ 팩스_ (02) 735-8161 ㅣ 이메일_ mbpub@hanmail.net 트위터 @AquariusPub ㅣ 홈페이지_ www.mbage.com ㅣ ISBN_ 978-89-94803-09-8 03110 ㅣ 이 책의 어느 부분도 펴낸이의 서명 동의 없이 어떤 수단으로도 복제하거나 유포할 수 없습니다. 잘못된 책은 바꿔 드립니다.

영화가 2012년 12월 21일 이후를 예언하다

장세계 지음

〜〜 물병자리

contents

프롤로그 ···· 9

제1부 현실을 보는 새로운 눈을 떠라: 〈인셉션〉

꿈속에서 정보를 훔치고 무의식에 정보를 심다
    꿈과 현실이 모호한 영화 ···· 15
    〈인셉션〉의 주된 흐름 ···· 15
    〈인셉션〉 줄거리 ···· 16
    〈인셉션〉이 던지는 질문 ···· 18

〈인셉션〉의 제1 코드, 이 세상은 뇌가 꾸는 꿈
    당신은 지금 꿈속에 있다 ···· 20
    가장 강력한 인셉션, 3차원 시공간 ···· 24
    장자의 호접몽 ···· 25
    주렴계의 《태극도설》 ···· 27
    '나'는 없다 ···· 27
    모든 것은 공이다 ···· 29
    참과 그림자 ···· 30
    인간의 두뇌가 작동하는 방식, 시뮬레이션 홀로그램 ···· 31
    우주, 컴퓨터 시뮬레이션 ···· 34

〈인셉션〉의 제2 코드, 꿈의 미로를 설계한 우주의 창조자
    미노타우로스의 미궁 ···· 36
    신적인 지능을 가진 설계자, 블랙홀 ···· 45
    신의 입자 ···· 49
    블랙홀의 늪에 빠져 있는 인간 ···· 55
    미드라인 ···· 65
    꿈에서 깨어나는 과정 ···· 67
    인류종말은 잠을 깨우는 신호 ···· 69

제2부 **영화로 보는 종말 시나리오**

첫 번째 종말 시나리오 변종 바이러스 : 〈나는 전설이다〉

바이러스 음모론 ···· 77
변종 인류 ···· 81
바이러스 항체를 가진 유일한 생존자 ···· 82
변종 인류와 해의 관계 ···· 83
나비문신, 부활의 의미 ···· 86

두 번째 종말 시나리오 연쇄 화산폭발 : 〈세계침몰〉

위험한 옐로스톤, 토바 호, 그리고 백두산 ···· 91
화산 연구는 지구혈압 측정 ···· 92
엑소더스 이론 ···· 93
동시다발적 화산폭발로 인한 대혼란 ···· 95

세 번째 종말 시나리오 자기장 교란 : 〈코어〉

사라지는 지구 자기장 ···· 99
갑작스런 자기장 교란 ···· 101
지구 외핵 속으로 ···· 102
데스티니와 비밀무기 하프 ···· 104
실제 사건들 ···· 107

네 번째 종말 시나리오 소행성 충돌 : 〈딥임펙트〉, 〈아마겟돈〉

실제 상황, 소행성 아포피스 ···· 111
지구를 향해 오는 혜성 ···· 112
거대한 요새 ···· 115
메시아 호의 살신성인 ···· 116
행성에 구멍을 뚫다 ···· 117

다섯 번째 종말 시나리오 태양 플레어 : 〈노잉〉

11년 주기로 찾아오는 태양 플레어 ···· 121

타임캡슐 속에 묻힌 숫자 ···· 123

50년 동안의 대형사고를 예언한 숫자들 ···· 124

외계인들의 방문 ···· 126

태양 플레어로 인한 인류 종말의 날 ···· 128

선택받은 두 명의 아이 ···· 130

여섯 번째 종말 시나리오 총체적 재앙 : 〈2012〉

당신이 세계 지도자라면 ···· 135

지구 핵의 변화 ···· 137

신 노아의 방주 ···· 138

총체적 대재앙 ···· 140

원자력 방사능 ···· 142

일곱 번째 종말 시나리오 거대 권력집단에 의한 설계 : 〈아일랜드〉

내면의 '그the One'를 찾아서 ···· 149

비밀 수용소 ···· 150

꿈의 낙원 ···· 151

수용소의 진실 ···· 153

클론 제조공장 ···· 154

지구를 지배하는 실세 ···· 157

새로운 세계종교의 출현 ···· 160

제3부 엑소더스, 탈출!

첫 번째 창조주의 그늘에서 탈출하다 : 〈트루먼 쇼〉

홀로그램을 만들어 내는 두뇌
트루먼 쇼? ···· 169
눈을 떠가는 트루먼 ···· 170
확실히 깨어나는 트루먼 ···· 172
탈출을 감행하는 트루먼 ···· 173

창조주의 감추어진 비밀
태초에 하나님이 꿈을 꾸기 시작했다 ···· 175
크리스토프와 창조주 ···· 177
전 세계인의 우상, 트루먼 ···· 179
예수의 각성 ···· 180
창조주의 감추어진 비밀 ···· 182
트루먼처럼 박차고 나가라 ···· 183

두 번째 꿈의 미로에서 탈출하다 : 〈매트릭스〉
탈출을 위한 세 번의 블랙홀 – 각성, 트레이닝, 전쟁 ···· 187

첫 번째 블랙홀, 네오의 각성
1단계 트리니티의 등장 ···· 190
2단계 트리니티와의 만남 ···· 191
3단계 당신의 각성을 방해하는 힘들 ···· 192
4단계 인셉션된 벌레를 제거하라 ···· 194
5단계 선택은 당신의 몫이다 ···· 195
6단계 거울을 통과하는 네오 ···· 195
7단계 매트릭스에서 깨어나다 ···· 197
8단계 감옥 밖으로 나오다 ···· 197

두 번째 블랙홀, 영혼을 위한 트레이닝

1단계 매트릭스의 미로에서 탈출하는 법 ···· 199

2단계 창조 훈련 ···· 200

3단계 과거로부터 자유로워지기 ···· 201

4단계 네오의 뇌에 전투 프로그램 입력 ···· 204

5단계 모피어스와의 대련을 통해 강해지다 ···· 204

6단계 공간 점프 훈련 ···· 205

7단계 엘리멘탈 신들과의 싸움 ···· 206

8단계 매트릭스 코드 읽는 법 ···· 208

세 번째 블랙홀, 치열한 전쟁

1단계 오라클과의 만남—죽음과 부활의 예고 ···· 210

2단계 자신을 믿기 시작하는 네오 ···· 213

3단계 당신 마음의 시온을 떠나야 한다 ···· 216

4단계 모든 문을 열 수 있는 키메이커 ···· 218

5단계 가장 강력한 힘, 사랑 ···· 221

6단계 사랑 때문에 길을 잃은 네오 ···· 226

7단계 AI 마왕과의 담판 ···· 228

8단계 스미스와의 마지막 결투 ···· 231

세 번의 블랙홀을 지나 ···· 235

〈매트릭스〉 너머 이야기 ···· 237

책을 마치며 ···· 244

2012년은 마야문명에서 종말의 해로 지목한 해다. 그런데 2012년이 과연 종말의 해일지를 따지는 분위기는 어디에서도 감지되지 않는다. 뜨겁게 달구던 종말론은 약속이나 한 듯이 수면 아래로 가라앉았다. 매우 이상한 일이다. 그러나 자세히 들여다보면 깊숙이 감추어진 곳에서 뭔가 거대한 어둠이 꿈틀거리고 있음을 감지할 수 있다.

앞으로 인간의 잠재된 욕구와 에너지는 걷잡을 수 없이 터져 나올 것이다. 아랍의 봄, 미국의 가을, 한국의 안풍이 그것을 보여 주었다. 이보다 거센 욕구와 에너지들이 얼마든지 사회 다방면에서 터져 나올 것이다.

반대로 인간 활동을 지탱해 주는 에너지 공급은 급격히 줄어들다가 파국을 맞이할 것이다. 후쿠시마 원전의 파괴는 에너지의 한계를 보여 주는 상징적인 사건이다. 석탄, 석유의 고갈은 기정사실이고, 위험한 원자력에도 의존할 수도 없다면 풍력이나 태양광 에너지로 과연 인류의 에너지 소비를 감당해낼 수 있을까? 거기에 구제

역 사태는 앞으로 인류가 직면할 심각한 식량부족 사태를 보여 주는 섬뜩한 예언처럼 들린다.

안전한 먹거리가 사라지는 지구, 갈수록 부족해지는 식량, 식량을 권력처럼 휘두르게 될 다국적 기업들이 인류의 밥그릇을 좌우할 날이 멀지 않았다. 인간의 의식은 폭발적으로 깨어나고 그 인류를 지탱해줄 에너지와 식량은 한계에 도달하는 극히 모순적인 상황이 인류를 기다리고 있다.

가장 심각한 것은 수억 년간 조용히 억눌려 왔던 지구의 분노가 표출되고 있다는 것이다. 지구촌 자연재난은 점점 그 빈도와 강도가 높아지고 있다. 인류의 미래가 암울하다는 것은 숨긴다고 가려지는 것이 아니며, 외면한다고 사라지는 것도 아니다. 엄연히 다가올 현실이다. 그리고 이는 여러 영화를 통해 이미 예언되었다. 심지어 이에 대한 인류의 해법까지 제시한 영화들도 있다.

나는 그동안 영화가 인류에게 던져온 중대한 메시지에 주목했다. 영화는 단순한 오락물이 아니라 인류의 미래를 예견하는 선지자였으며, 인류를 이끄는 구루, 인생의 해법을 제시하는 교과서였다. 그리고 여러 영화가 담고 있는 메시지들을 하나로 묶어, 일목요연하게 정리해야 할 필요성을 절감했다.

그 과정에서 나는 대중적인 정보전달 매체인 영화의 힘에 주목하지 않을 수 없었다. 영화는 그 어떤 책보다도 심오하고, 동시에 여러 사람의 의식을 바꿀 수 있다. 그래서 대중에게 널리 알려진 영화나 의미 있는 영화들을 두루 섭렵했고 재해석했다. 이 책에서 나는 영화를 단편적으로 요약하는 것보다, 영화 자체의 스토리와 그에 맞는 해석을 추가함으로써 이해의 폭을 넓히고자 했다.

2010년 가을은 영화 〈인셉션〉의 해였다. 나는 1년 내내 〈인셉션〉에 대해 줄곧 생각했다. 그리고 1999년부터 2003년까지 공전의 히트를 기록했던 〈매트릭스〉를 연상하지 않을 수 없었다. 꿈의 세계에 갇혀 사는 불쌍한 인류의 현실이 다시금 뼛속을 아리게 만들었다. 그래서 10여 년이나 지난 〈매트릭스 1, 2, 3〉을 다시 꺼내 보았다. 그리고 그 전에는 볼 수 없었던 새로운 시각이 열렸다.

〈매트릭스〉는 네오를 통해 인간이 어디까지 성장해야 하는지, 그리고 어떤 과정을 거쳐야 하는지 등을 자세히 말해 주고 있었다. 〈인셉션〉은 표면상으로는 〈매트릭스〉와 같은 거대한 담론은 없는 것처럼 보였다. 단지 소재가 좀 특이하다는 것, 그리고 꿈을 주제로 다룬 것 등이 매트릭스와 닮아 있었다. 그러나 〈인셉션〉에는 우리 인류의 현실과 맞닿아 있는 대단히 민감한 주제들이 총망라되어 있었다.

다양한 코드를 내포한 이 영화에는 이 세상은 꿈에 지나지 않는다는 장자의 가르침도 있었고, 인류의 종말도 있었으며, 인류의 정신세계가 누군가에 의해 의도된 관념에 지배를 받고 있다는 내용도 있었다. 게다가 우주의 설계자는 누구인지, 설계자는 선한지 악한지, 사후세계는 어떤 곳인지 등에 관한 종교적인 문제까지도 총망

라되어 있었다.

나는 〈인셉션〉의 코드와 연결되는 영화들을 모두 되새김해 보았다. 인류 종말의 시나리오를 담은 〈나는 전설이다〉, 〈세계침몰〉, 〈코어〉, 〈딥임팩트〉, 〈아마겟돈〉, 〈노잉〉, 〈2012〉, 〈아일랜드〉, 그리고 음모론을 담은 〈카이매티카〉, 〈에소테릭아젠다〉, 〈시대정신〉, 〈엔드게임Endgame-세계 노예화 청사진〉 등의 영화들이 모두 〈인셉션〉의 코드를 해독하는 과정에서 나에게 다가왔다.

인간은 지금보다 더 성장해야 한다. 이것은 종교적인 요청이 아니며, 사람이 본래적으로 갖고 태어난 성장인자를 발현시키는 작업이다. 그래야 가장 인간다워질 수 있다. 나는 인간다움의 끝에서 만나는 존재성이 바로 신이라고 생각한다. 신은 인간성장의 결실이며, 신이 되는 것이 인생의 목적이라 믿는다. 다만 신에도 종류가 있으며, 인간이 지향해야 할 신은 우주 밖에 있다. 그런 의미에서 영화에는 시대를 선도할 수 있는 힘이 있다. 과학이 아직까지 도달하지 못한 영역도 과감하게 보여줄 수 있고, 아직 오지 않은 미래를 생생하게 표현해낼 수 있다.

새로운 시대의 우주 밖 패러다임을 담아낼 수 있는 영화가 나오길 기대하면서, 아울러 〈매트릭스〉를 뛰어넘는 영화가 한국인 감독의 손에서 탄생할 수 있기를 염원해 본다.

〈인셉션Inception〉

액션, SF, 스릴러 / 2010년 7월 개봉 / 147분 / 12세 관람가
감독 : 크리스토퍼 놀런(Christopher Nolan)
출연 : 레오나르도 디카프리오(Leonardo Dicaprio),
　　　와타나베 켄(Ken Watanabe),
　　　조셉 고든—레빗(Joseph Gordon—Levitt) 등

꿈속에서 정보를 훔치고 무의식에 정보를 심다

꿈과 현실이 모호한 영화

〈인셉션Inception〉은 우리에게 많은 의문을 던지는 영화며, 우리가 실재세계를 이해하는 데 요긴한 도구들을 제공한다. 킥kick의 개념, 림보limbo의 개념, 인셉션의 개념, 복합다층구조의 꿈, 꿈의 설계 등은 우리의 세계관에 변혁을 일으킬 수도 있는 엄청난 힌트들이다. 영화 〈인셉션〉은 꿈과 현실, 그리고 꿈속의 꿈이 번갈아 등장하기에 이해하기가 무척 어려운 영화 중 하나다.

〈인셉션〉의 주된 흐름

주인공 코브는 꿈을 통해 다른 사람의 무의식에 들어가 정보를 캐는 정보사냥꾼이다. 의뢰인이 요청하는 정보를 사람의 꿈속에 들어가 획득해 오는, 이른바 정보추출extraction이 그의 전문분야다. 그런 코브에게 '인셉션'을 해달라는 제안이 들어온다. 인셉션은 특정인의 꿈속에 들어가 새로운 생각을 주입시키는 것이다. 그러면 그 사람은 그 주입된 생각을 자기 생각으로 여기게 된다. 따라서 인셉션은 정보추출과는 차원이 다른 고급기술이다.

꿈속에서 단순히 타인의 정보를 훔치는 정보추출을 위해서는 적어도 2단계에 걸친 복층구조의 꿈을 설계해야 한다. 그러나 타인의 깊은 무의식에 의도된 생각을 심고, 그 생각대로 행동하도록 유도하는 인셉션은 3단계 이상의 꿈을 설계해야 한다. 인셉션을 위해 꿈속의 꿈, 그리고 그 꿈속의 꿈까지 들어가 벌어지는 과정들이 이 영화의 주된 흐름이다. 그런데 코브의 무의식속 아내 맬의 갑작스런 등장으로 코브는 4단계 꿈속까지 들어가게 된다. 그리고 거기서 코브와 맬이 건설한 그들만의 꿈속 제국이 드러난다.

이처럼 꿈을 4단계까지 진행하는 과정, 그리고 그 4단계 꿈에서 현실로 돌아오기 위해 차례차례 꿈에서 깨어나는 과정 등이 중첩되기에 영화가 사뭇 복잡하고 난해하게 느껴지는 것이다.

〈인셉션〉 줄거리

사건의 발단은 사이토라는 인물의 인셉션 의뢰였다. 사이토가 경쟁사의 후계자인 로버트 피셔에 대한 인셉션을 의뢰한 것이다. 코브가 사이토의 의뢰를 거절하는 과정에서 코브의 동료인 내쉬가 희생되고, 우여곡절 끝에 결국 코브는 사이토의 의뢰를 수락한다.

코브는 파리로 가서 내쉬의 빈자리를 메워줄 새로운 설계자를 찾는데, 그 사람이 바로 건축학도인 아리아드네라는 여성이다. 코브는 아리아드네를 비롯한 몇몇 사람을 팀으로 끌어들인 후, 비행기 안에서 작업을 시작한다. 이들은 피셔에게 잠을 재우는 진정제를 투여한 후, 꿈속에서 피셔와 만난다. 그 꿈은 이미 그들이 설계한 것이다. 깊은 무의식 속에 새로운 생각을 심기 위해서는 적어도 3단계의 꿈이 필요하다. 꿈속의 모든 등장인물과 배경은 설계자가 만들어낸 것이다. 그러나 꿈속에서는 설계자들 외에는 그것이 조작되었다는 것을 모른다. 그것을 일깨워 주기 전에는.

1단계 꿈속에서 만난 피셔와 일행은 그 꿈속에서 다시 잠을 잔다. 그리고 2단계의 꿈을 꾼다. 2단계에서 만난 일행은 다시 잠들게 되고, 3단계의 꿈을 꾼다. 그것은 피셔의 깊은 무의식에 접근하기 위해서다. 그러나 뜻하지 않는 사고가 생기면서 림보 단계까지 진행된다. 림보는 꿈속에서 빠져드는 블랙홀이다. 림보에 빠지면 꿈에서 깨어나지 못한다. 그러나 영화에서는 림보를 탈출하여 인셉션에 성공하게 된다. 그리고 피셔는 잠에서 깨어나고, 코브 일행도 아무 일 없었다는 듯 잠에서 깨어난다.

그런데 영화는 인셉션에 성공하고 현실로 돌아온 이 상황조차도 여전히 꿈속일 수 있다는 암시를 던지면서 끝을 맺는다. 그것은 '우리가 현실로 믿고 살아가는 이 세상이 과연 현실인가?', '우리는 지금 꿈속에서 살고 있는 것은 아닌가?'라는 메시지를 전달하려는 듯 보인다.

〈인셉션〉이 던지는 질문

• 내가 갖고 있는 믿음은 누군가 의도적으로 나의 뇌리에 심은 것은 아닐까? 내가 믿는 종교, 내가 가진 가치관이나 세계관 등 모든 것들이 과연 원래부터 내가 가졌던 것일까? 혹시 다른 어떤 존재가 나에게 심은 것은 아닐까?

• 지금의 나는 신의 꿈속에 존재하는 가상적인 존재는 아닐까? 이것이 사실인데 다만 내가 모르고 있을 뿐이라면 어떻게 해야 할까? 현실로 착각하고 있지만 나의 진정한 본질은 어딘가에서 깊이 잠들어 있는 것은 아닐까? 우리가 살고 있는 이 현실이 우리를 속이고 있는 것은 아닐까? 만일 우리들 모두가 잠들어 있고, 우리가 살고 있는 이 현실이 신의 꿈속이라면 우리는 그것을 어떻게 알아차릴 수 있을까?

• 영화 〈인셉션〉에서는 꿈의 단계에 대해 말한다. 〈매트릭스〉에서

도 이것을 다루었지만 크게 부각되지는 못했다. 꿈에서 깨어났
다 할지라도 그것 역시 꿈속일 수 있다. 꿈은 복층구조를 가질
수 있다. 이 세상이 꿈이라면, 그것은 복층구조를 가진 다단계
의 꿈 중 하나일 수 있다. 3차원은 4차원에서 꾸는 꿈이고, 4차
원은 5차원에서 꾸는 꿈일 수 있다. 꿈의 차원을 거슬러 올라가
다 보면 최초의 꿈을 꾸는 원인자에 이를 것이다. 그런데 그 최
초의 원인자는 누구일까? 그것이 신이라면 신은 왜 이런 꿈을
꾸고 있는 것일까? 나는 무슨 이유로 이 꿈속에 등장하고 있는
것일까?

• 인류의 종말이란 과연 무엇일까? 왜 지구에는 심각한 종말상황
들이 속출하고 있는 것일까? 왜 그런 일이 지금 우리 시대에 일
어나고 있는 것일까? 죽음을 통해 꿈에서 깨어나는 영화 속 주
인공들처럼, 종말이란 우리로 하여금 꿈에서 깨어나게 만드는
킥과 같은 것은 아닐까? 종말상황이 지구 전체에 동시다발적으
로 발생한다는 것은 인류 전체가 동시에 깊은 잠에서 깨어날 때
가 되었다는 메시지는 아닐까?

⊚ 〈인셉션〉의 제1 코드, 이 세상은 뇌가 꾸는 꿈

당신은 지금 꿈속에 있다

토템의 역설

이 영화는 결말 부분에서 뜻하지 않은 반전을 준비하고 있다. 반전의 첫 번째는 코브가 마지막으로 돌린 아내의 토템이다. 토템은 꿈의 설계자가 자신이 현실에 있음을 확인하기 위해 사용하는 물건이다. 코브의 아내인 맬에게도 토템이 있었다. 코브는 인셉션을 시험하기 위해, 꿈속에서 맬의 토템을 현실인 것처럼 작동시켜 금고 속에 넣었다. 맬은 그것을 보고 꿈이 현실이고, 현실이 꿈이라는 뒤바뀐 생각을 갖게 되었고, 이 때문에 꿈에서 깨어날 목적으로 자살하게 된다. 영화 후반부에서 코브가 팽이 모양으로 생긴 맬의 토템을 돌리는 장면이 등장한다. 이것이 현실이라면 팽이 모양의 토템은 돌다가 멈춰야 하지만, 멈추지 않고 계속 돈다. 그런데 코브는 이를 확인하지 않는다. 멈추지 않고 계속 돌아가는 토템은 지금 이 상황이 현실이 아니라 꿈이라고 말하는 것이다! 그러나 그것을 아는 사람은 영화 속에는 없다. 오직 관객만이 안다. 팽이 모양의 토템은 코브를 위한 것이 아니라 관객을 위한 것이다.

두 번째 반전은 코브가 간절히 만나길 원했던 아들, 제임스와 필립에게서 보인다. 코브가 사이토의 인셉션 의뢰를 수락한 것도 두 아들을 만나도록 해주겠다는 제의 때문이었다. 코브는 영화 앞부분에서 미국에 있는 아이들과 전화통화를 한다. 그때 코브의 기억 속 아이들의 모습이 스크린에 나타난다. 그리고 미션을 수행 중이던 2단계의 꿈속에서도 아이들은 여전히 그때와 같은 옷을 입고 나타난다. 코브의 기억 속에 있는 아이들이 꿈속에 오버랩되어 나타나는 장면이다.

그런데 영화 끝부분에서 아빠를 향해 달려오는 아이들의 옷차림이 그의 기억 속 아이들의 옷차림과 똑같다. 더구나 나이를 먹지 않은 채 외모도 그대로다. 코브의 기억 속 아이들이 놀던 장소도 마찬가지다. 기억 속의 그 장소에서, 그 모습 그대로, 같은 옷을 입고 놀던 아이들이 아빠를 향해 달려온다. 다만, 한번도 아빠에게 고개를 돌리지 않고 등만 보이던 아이들이 아빠를 향해 달려오는 장면만 다르다. 이것은 과연 현실일까? 변화가 없는 아이들의 모습은 이것이 현실이 아니라고 말하고 있다. 현실이 아니라면 꿈이라는 말인데, 그렇다면 과연 누가 꾸는 꿈일까?

그러나 코브는 이런 사실은 아랑곳 않고, 아무렇지도 않은 듯 반갑게 아이들을 안는다. 정작 마음이 불편한 것은 관객이다. 앞부분에서 반복적으로 아이들에 대한 이미지를 봤기 때문에, 관객들은 그 모습을 이미 기억하고 있다. 그 기억이 지금 관객을 혼란스럽게 만든다. 코브는 꿈을 꾸고 있지 않은데, 그럼 누가 꿈을 꾸고 있는 것인가?

분명 코브에게는 꿈속이 아니다. 코브는 지금 현실에 있다. 인셉션에 성공하고 미국으로 돌아와 아이들을 만나는 모든 과정은 코브에게는 분명 현실이다. 여기서는 반지의 유무가 그 증거로 제시되기도 한다. 영화 내내 코브의 손가락에는 반지가 있다가 사라지는 것이 반복된다. 맬을 만나는 꿈속에서는 반지를 끼고 있고, 현실로 돌아오면 반지가 없다. 그런데 아이들을 만나는 영화의 끝 부분에서 코브의 손가락에는 반지가 없다. 즉, 현실이라는 말이다.

그런데 영화는 이 상황이 현실이 아니고 꿈이라고 말한다. 그것도 오직 관객에게만 말하고 있다. 코브는 이를 모른다. 관객은 아는데 코브는 모르는 이 꿈은 어떤 꿈일까? 이것은 코브가 미처 생각지 못한 또 다른 종류의 꿈속이다. 바로 코브가 현실이라고 믿고 있는, 그리고 엔딩 장면이 나오기 전까지는 관객들도 그렇게 믿었던, 이 세상 자체가 바로 꿈인 것이다. 대반전은 이것이다. 영화 속은 현실이지만 영화 밖에 있는 세상은 꿈이다. 영화를 보고 있는 당신은 지금 꿈을 꾸는 것이다.

이 영화의 감독인 크리스토퍼 놀런은 관객들에게 이렇게 말하고 있다.

"영화를 보는 여러분은 지금 이 상황이 현실이라고 생각는가? 토템을 보라. 토템이 꿈인지 현실인지를 알게 해준다. 이는 관객 여러분을 위해 마련된 토템이다. 이것은 꿈이다."

그는 이 세상이 꿈이라는 생각을 모든 관객들에게 인셉션하고 있는 것이다. 이 대목에서 영화는 갑자기 코브의 이야기에서 온 인류의 이야기로 비약된다. 영화는 엔딩에서 갑자기 관객들에게 메시지를 던진다. 그것은 곧 크리스토퍼 놀런 감독의 메시지이기도 하다.

"이 영화를 보고 있는 여러분도 사실은 꿈속에 있다. 우리가 현실이라고 믿고 있는 이 세상이 사실은 꿈이다."

필자가 이 책을 통해 독자들에게 하고 싶은 말도 바로 이것이다. 이 세상은 꿈이다. 이 꿈에서 깨어나야 한다! 다음의 대사는 림보에서 사이토와 코브가 나누었던 의미심장한 대화다.

사이토 : 나는 누군가를 기다리고 있네.
코브 : 당신을 꿈에서 끌어내줄 사람?

당신도 자신을 꿈에서 끌어내줄 사람을 만나야 한다.

가장 강력한 인셉션, 3차원 시공간

가장 믿기 어렵고 강력한 인셉션이 있다. 그것은 너무 강력하여 벗어나기가 거의 불가능할 정도다. 그 인셉션이란 바로 이 세상 자체다. 우리가 현실이라고 생각하고 살아가는 3차원의 시공, 나의 육체, 지구, 우주 전체가 우리에게 주입된 인셉션이다. 이것은 너무나 강력하여, 이 세상을 진정한 실재로 믿게끔 만들었다. 그러나 우리가 경험하는 모든 세계는 현실이 아닌 꿈이다.

우리는 이 세상이 현실이라고 믿는다. 아니, 단순히 믿는 것이 아니라 당연한 기정사실이다. 이 세상이 현실이라는 관념은 가장 탄탄한 기반을 가진 인셉션이다. 가장 인정하기 어렵고 가장 깨어나기도 어렵다. 그러나 이제는 깨어나도록 그 뿌리를 흔들어야 한다.

반복적으로 인셉션된 생각은 그 사람의 일생을 지배한다. 우리는 태어나면서부터 어떠한 인셉션을 받고 있을까? 가장 근원적인 인셉션은 시공에 관한 것이다. 누군가 우리의 뇌에 시간과 공간에 대한 지금의 인식을 입력시켰다. 우리는 시간과 공간은 실재한다는 인셉션이 뇌에 저장된 채 태어난다. 그래서 눈에 보이는 것들을 당연히 존재하는 현실로 받아들인다. 땅을 딛고 있으면 땅이 실재하는지를 의심하지 않고, 시공 속에 살면 시공의 존재들을 의심하지 않는다. 다시 말해 인간이 태어난다는 것은 시공의 꿈속으로 들어오는 것이다. 그러면서 자신의 원초적인 존재성이 무엇인지를 망각하게 된다.

그런데 최근 물리학의 거두들은 시공이 존재하지 않는다는 결론에 도달했다. 초끈과 막을 연구하는 과학자들은 물질계를 지탱하는 가장 밑바닥에 도달했는데, 거기에는 시간도 공간도 없었다. 실재하는 모든 것을 떠받치는 가장 밑바닥에는 견고한 무엇이 있을 것으로 예상했으나, 막상 거기에 도달해 보니 아무것도 없었다. 진정한 이 세상의 모습은 시간과 공간 이전의 것이다.

그런데도 우리는 시공이 없는 상황은 사유조차 할 수 없다. 태어나기 전부터 인셉션이 되어 있기 때문이다. 그래서 시공을 초월한 상태에서 드러나는 진정한 자신의 모습을 알 길이 없다. 보다 정확히 말하자면, 이미 알고 있는데도 기억을 상실한 것이다. 우리가 너무나 깊은 꿈에 빠져 있기 때문이다.

장자의 호접몽

장자莊子의 호접몽胡蝶夢은 너무나 유명하다. 꿈속에서 나비가 되어 꽃들 사이를 날던 장자는 꿈에서 깨어난 후 고민에 빠진다. 자신이 나비 꿈을 꾼 것인지, 나비가 자신을 꿈꾸고 있는 것인지⋯⋯ 이는 자신이 사는 이 세상이 누군가가 꾸고 있는 꿈속일 수도 있다는 자각이다.

당신은 꿈을 꾸고 있다. 당신이 살아가는 현실은 진정한 현실이 아니다. 먹지 않으면 배고프고, 마시지 않으면 갈증을 일으키는 당신의 몸도 꿈속의 일부일 뿐이다. 당신이 지금까지 태어나고 살아온 과정이 모두 꿈이다. 당신이 속했던 가정, 학교, 사회가 모두 꿈이다. 지구와 태양계, 은하계, 나아가 온 우주가 꿈이다. 우주정신이나 신들조차도 꿈속의 존재들이다. 당신이 알고 있는 모든 것이 꿈이다. 신도 인간도 꿈속에서 만들어진 거대한 가상시나리오 속 캐릭터일 뿐이다.

우리는 이 꿈의 배후에 있는 진정한 현실의 실체를 아직 모른다. 꿈을 꾸는 주체의 진정한 모습은 숨겨져 있다. 꿈을 깨기 전에는

장자의 호접몽은 너무나 유명하다. 꿈속에서 나비가 되어 꽃들 사이를 날던 장자는 꿈에서 깨어난 후 고민한다. 자신이 나비의 꿈을 꾼 것인지, 나비가 자신을 꿈꾸고 있는 것인지……

현실을 알지 못한다. 꿈속에서는 자신이 꿈꾸고 있음을 모르기 때문이다.

주렴계의 《태극도설》

중국의 주렴계(周濂溪, 1017~1073년, 본명은 주돈이로 송나라의 유학자)는 《태극도설太極圖說》을 통해 만물이 생겨난 근원을 무극無極이라 했다. 무극은 동그라미(○)로 표시되는데, 이는 곧 원圓, 공空, 무無를 뜻한다. 다시 말해, 아무것도 없는 상태인 무극에서 만물이 생겨났다.

이것은 곧 존재하는 만물이 무극의 꿈속에 있다는 뜻이다. 숫자 영(0)은 그 속에 무한을 포함하고 있는데, 그 영이 바로 무극이다.

무극은 비존재이지만 무한한 존재를 포함하고 있다. 무극이 존재를 포함하고 있는 방식이 바로 꿈이다. 꿈속에서는 수많은 것들이 존재하지만 사실은 아무것도 존재하지 않는다. 허허공공일 뿐이다. 꿈속에서는 꿈의 상황이 실재하지만, 꿈 밖에서 보면 아무것도 존재하지 않는다.

'나'는 없다

우리는 '나'라는 말을 자주 사용한다. '나'라고 주장할 수 있는 개체가 있다고 믿는다. 어려서부터 나이가 들 때까지 항상 '나'라는 말을 한다. 겉모습, 생각, 환경이 많이 달라졌음에도 여전히 '나'는 동일하게 인식된다. 왜 그럴까? 현상적인 모습은 변할지라도 그 뒤에 변하지 않고 유지되는 실체가 따로 있다고 생각하기 때문이다. 그것을 흔히 '자아'라고 한다. 이 자아를 중심에 두고 먹고, 마시고, 생각하고, 감정을 느끼는 등의 인간 활동이 펼쳐진다고 생각한다.

그러나 불교에서는 이러한 자아에 대한 개념이 환상이라고 말한다. 사람은 오온五蘊이라는 다섯 가지 요소에 의해 움직일 뿐, 오온의 이면에 '나'라고 여길 만한 불멸의 실체는 존재하지 않는다. 다섯 가지 요소란 몸을 구성하는 물질[色], 감각하는 기관[受], 지각하는 기관[想], 의지적 행동의 주관처[行], 총체적 의식[識]이다. 쉽게 말해, 나의 몸, 나의 감각, 나의 생각, 나의 의지, 나의 지각 등 '나'라는 것이 가리키는 자리에는 아무것도 없이 비어 있다. 그러나 꿈을 깨면 진정한 '나'를 볼 수 있다.

신경생리학자들은 인간이 마음이라고 여기는 것이 뇌가 보내는 전자신호임을 밝혀 냈다. 사람에게는 자아라는 실체나 '나'라는 장기는 존재하지 않는다. 다만 존재하는 것처럼 착각할 뿐이다. 우리가 꿈속에 있기 때문이다. 꿈은 환영이기에 실체가 없다. 내가 환상이라면 이 세상도 환상이고, 모든 만물이 공空일 수밖에 없다. 따라서 이 세상은 꿈인 것이다.

모든 것은 공이다

"색즉시공공즉시색色卽是空空卽是色"은 많이 회자되는 《반야심경般若心經》의 구절이다. 이 구절은 한마디로 이 세상은 꿈이라는 것이다. 색色은 꿈속에 존재하는 만물을 가리킨다. 그러나 꿈속이기 때문에 사실은 실제로는 존재하지 않는 공空이다. 꿈속은 실재가 없는 공의 상태지만, 그 속에는 온갖 것들이 현실처럼 존재하고 있다. 꿈은 이처럼 양면성을 갖고 있다.

《반야심경》은 꿈에서 벗어나, 관자재보살(관세음보살)이 있는 현실 세계로 가자고 말한다. 그러나 관자재보살이 있는 그 현실 세계도 또 하나의 꿈이다. 하나의 꿈을 깨고 나면 또 다른 꿈이 기다린다. 꿈이 꿈을 낳고, 꿈속에서 또 꿈을 꾼다. 그래서 차원이 있고 단계가 있는 것이다. 인자한 관세음보살이 나타났다 해서 좋아해서는 안 된다. 그도 꿈의 일부기 때문이다. 붓다가 나타났다 해서 안심해서도 안 된다. 그도 또한 꿈속의 일부기 때문이다.

이 세상의 꿈은 차원이 중첩된 복층구조여서 인간의 능력으로는 벗어날 도리가 없다. 어디까지가 꿈이고 어디서부터가 현실인지, 우리로서는 구별이 불가능하다. 정확한 판단은 하늘 밖, 궁극적 현실에서 일깨워 줘야만 가능하다.

참과 그림자

〈히브리서〉는 하늘의 참된 것과 땅의 그림자를 확연히 구분 짓는다. 아론 계열의 제사장은 땅에 있는 모형과 그림자를 섬기지만, 멜기세덱 계열의 제사장은 원래부터 하늘에 있던 참된 것을 섬긴다.

그림자를 섬기는 제사는 아무리 정성껏 지내도 올바른 제사가 아니다. 그림자는 허상이고, 허상을 섬기는 것은 우상을 섬기는 것과 같기 때문이다. 꿈속에서 아무리 많이 먹고 마셔도, 꿈에서 깨면 소용이 없는 것과 같다.

아론 제사장들이 제사를 지내는 장막이 있었다. 이것은 이스라엘 백성들이 이집트를 탈출할 때, 여호와에게 계시를 받아 만든 성물이다. 구약에서 그 장막은 가장 소중한 보물처럼 다루어졌다. 그 장막은 신이 창조한 온 세상을 압축적으로 담고 있으며, 이 세상에 강림한 신이 머무는 집이기 때문이다. 그런데 〈히브리서〉에서는 그 장막을 한낱 그림자에 불과한 모형이라고 단언한다. 이는 이 세상 자체가 그림자라는 선언이며, 동시에 그림자를 다스리는 신은 진정한 신이 아니라는 선언이다. 여호와의 진정한 모습은 이 세상에 나타나지 않았다. 더 높은 단계로 올라가야만 진정한 신의 얼굴을 볼 수 있다. 이 세상에 현현했던 신은 꿈속에 등장하는 그림자 신이다. 진짜 여호와의 모습은 꿈이 아닌 현실세계, 꿈에서 벗어난 더 높은 경지의 현실에 도달해야만 알 수 있다. 이것이 〈히브리서〉가 주장하는 바다.

그러나 꿈에서 깨어나는 것은 생각만큼 쉽지 않다. 땅에서 깨어나 하늘에 도달하고 보면, 그 위에 또 다른 하늘이 기다린다. 그 하늘 위로 올라가면 그 위에 또 하늘이 있다. 이런 현상을 가리켜 성서는 '하늘과 하늘들의 하늘'이라고 표현한다. 모든 하늘에는 신들이 있다. 이 우주가 속해 있는 꿈의 세계는 많은 하늘들과 많은 신들조차도 그 일부에 포함될 만큼 복잡하고 넓다.

인간의 두뇌가 작동하는 방식, 시뮬레이션 홀로그램

1960년대에 칼 프리브램(Karl Pribram, 미국의 신경생리학자)은 뇌의 기억에 관해 연구하던 중, 인간의 두뇌가 작용하는 방식이 홀로그램 방식과 동일함을 알게 되었다.

홀로그램은 빛의 간섭현상을 이용하여 만든 필름에 빛을 비추었을 때 나타나는 3차원 영상이다. 이 필름의 놀라운 점은 보통의 사진 필름과 달리 모든 조각들마다 필름 전체에 기록된 정보를 고스란히 담고 있다는 것이다. 하나의 필름은 그것을 무수히 잘라도 그 속에 각기 전체상이 있어서 자르지 않은 원판과 똑같은 입체상이 나타난다.

인간의 두뇌는 표면상으로는 기억을 담당하는 부분, 감각을 담당하는 부분, 연상을 담당하는 부분 등이 영역별로 나뉘어 있다. 그러나 프리브램에 의하면, 보다 깊은 양자 수준으로 내려가면 뇌의 작용하는 방식이 달라진다. 기억, 인식, 연상 등의 기능은 뇌의 특정 부분에만 존재하는 것이 아니라, 뇌의 모든 기능이 뇌의 모든 부분에 전체적으로 존재한다. 따라서 뇌의 어떤 부분을 떼어서 보더라도 전체의 정보를 담고 있다.

프리브램의 연구결과에 따르면, 뇌가 그와 같이 작동할 수 있는 이유는 뇌가 정보를 처리하는 방식이 상식과는 매우 다르고 독특하기 때문이다. 뇌는 모든 사물의 파동 주파수를 수학적 방법으로 해석함으로써 객관적 현실을 만들어 낸다. 즉, 우리의 뇌는 홀로그램을 창조하는 능력이 있는 것이다.

우주는 파동으로 가득 차 있고, 각 파동에는 정보가 담겨 있다. 그 정보에는 시간과 공간, 물질과 인간이 다 들어 있다. 우리의 뇌는 그런 파동을 해석하여 인간이 오감으로 인식할 수 있는 홀로그램을 만들어 낸다. 심지어 실재하지 않는 대상이라도, 그것에 대한 정보가 뇌에 입력되면 시뮬레이션 홀로그램을 만들어 낸다. 용은 실재하는 동물이 아니다. 그런데 용에 대한 정보가 사람들의 뇌에 반복적으로 인셉션된 결과 용을 보는 사람들이 생겨난다.

외계인과 UFO에 대한 믿음은 이제 종교적인 수준으로 성장했다. 외계인을 만난 사람들도 생겨나고, 체험담을 적은 책들도 많이 출판되었다. 인간의 뇌는 잘못되었거나 조작된 정보라 할지라도, 그것이 뇌에 입력되기 시작하면 그 정보가 요구하는 홀로그램을 현실처럼 만들어 내기 시작한다. 보다 깊은 단계에서 인셉션이 되면 홀로그램이 주는 현실감도 더욱 생생해진다.

뇌는 생각하는 것과 존재하는 것을 구분하지 못한다. 생각하는 대로 존재가 만들어진다. 뇌의 그러한 특성을 활용하여 베스트셀러가 된 것이 《시크릿》이다. 《시크릿》은 원하는 것을 뇌에 효과적으로 인셉션할 수 있는 방법을 가르치는 것이다. 참인지 거짓인지는 중요치 않다. 뇌에 원하는 생각을 심기만 하면 된다. 이러한 뇌의 시뮬레이션 능력, 즉 홀로그램 환상을 만들어 내는 능력은 영화의 소재로도 자주 사용된다.

우주물리학자들이 새롭게 발견하는 모든 과학적 지식은 이미 우리들 뇌에 저장돼 있는 정보들이다. 우주과학은 다시 말하면 두뇌 생리학이며 심리학이다. 인간의 깊은 무의식 속에 무엇이 있는지를 탐구하는 것과 다르지 않다. 우주는 이미 우리의 내면에 존재하고 있는 것이다.

그러한 정보들은 인간의 의식이 해독하기에는 너무나 어려운 코드와 암호로 저장되어 있다. 그러나 이것은 깊은 차원의 무의식에서는 일상적인 언어다. 인간 의식은 아주 높은 건물의 꼭대기층이다. 아래를 내려다봐도 무의식이라는 바닥이 보이지 않을 정도로 높다. 그런데 우리는 그 바닥이 아무것도 없는 허공임을 모른다. 허공 위에 높은 건물이 있을 수 없기 때문이다. 그래서 인간의 의식은 이 세상을 당연히 현실이라 여긴다. 그러나 이 세상은 꿈의 허공이다.

우주, 컴퓨터 시뮬레이션

1960년대에 양자물리학자였던 데이비드 붐David Bohm과 신경생리학자였던 칼 프리브램은 서로 다른 분야에서, 우주가 홀로그램이라는 동일한 결론에 도달했다. 이는 당시에는 너무나 새롭고 대담한 해석이었기에 주류로 부상하지 못했다. 그러나 홀로그램 모델은 현대과학이 설명하지 못하는 텔레파시, 염력, 임사체험, 우주와의 일체감 등 상식 밖의 정신현상을 설명하는 데 매우 유용했다. 따라서 주로 정신세계를 연구하는 사람들에 의해 애용되었다.

20세기 들어 양자물리학을 넘어서는 초끈 물리학이 각광을 받게 되었고, 초끈 물리학은 홀로그램 우주론을 다시 부각시켰다. 홀로그램 우주론은 제3의 물리학 혁명을 선도할 유일한 후보로 떠오르고 있다.

우주에는 두 차원의 질서가 존재한다. 우리의 존재차원을 '드러난(펼쳐진) 질서'라 하고, 실재의 더 깊은 속에 감추어진 차원을 '감추어진(접힌) 질서'라고 한다. 에드워드 프레드킨(Edward Fredkin, 미국의 디지털물리학자)은 우주를 운행시키는 컴퓨터가 있고, 우리가 인식하는 우주는 그 컴퓨터가 조작하는 시뮬레이션이라고 주장한다. '접힌 질서'는 프레드킨이 말하는 컴퓨터와 같은 개념이고, 펼쳐진 질서는 컴퓨터의 시뮬레이션 화면과 같다. 우리가 인식하는 우주는 초강력 컴퓨터에서 실행되는 가상현실인 것이다.

우리는 꿈속에서 꿈을 꾸고, 그 꿈의 꿈속에서 또 꿈을 꾼다. 천국에 대한 환상을 갖는 것은 꿈속에서 꿈을 꾸는 것이다. 천국에 대한 환상은 더 깊어지는 꿈의 연속일 뿐이다. 따라서 꿈에서 꿈으로 파고들지 말고 현실로 깨어나야 한다.

ⓘ 〈인셉션〉의 제2 코드, 꿈의 미로를 설계한 우주의 창조자

미노타우로스의 미궁

맬은 우리를 창조한 신

〈인셉션〉은 다른 영화들에서는 시도하지 않았던 방식으로 현실과 꿈에 대해 접근한다. 꿈의 내용보다는 꿈의 구조에 집중하는 점이 그것이다. 영화에서 나타나는 구도는 크게 꿈과 현실 두 가지로 축약할 수 있는데, 문제는 현실과 꿈의 구분이 불분명하다는 것이다. 영화를 겉으로만 보면, 하나의 현실과 네 개의 꿈으로 나눌 수 있다.

현실 1 : 비행기 속(처음으로 잠이 드는 곳)

1단계 꿈 : 시가전(유숩의 꿈속)

2단계 꿈 : 호텔(아서의 꿈속)

3단계 꿈 : 설산요새(임스의 꿈속)

4단계 꿈 : 림보(맬)

그런데 영화의 결말 부분에 있던 반전을 다시 한 번 생각해 보자. 우리가 현실이라고 믿는 이 세계가 사실은 꿈이라는 것이 감독의 메시지임을 앞에서 말한 바 있다. 그러면 그 꿈은 과연 누가 꾸는 것일까? 가장 유력한 후보는 영화 속 가장 깊은 곳에 숨어 있는 맬이다. 그런 관점에서 보면, 맬은 림보에서 슬퍼하고 있는 가엾은 여인이 아니라 이 모든 꿈의 세계를 설계하고 그것을 꾸고 있는 주체가 된다. 이 시점에서 우리는 영화를 통째로 뒤집어 봐야 한다. 그러면 새로운 세계가 보인다. 영화를 뒤집어 맬을 주체로 하여 꿈의 단계를 다시 정리하면 이렇다.

현실 : 설계자 맬

1단계 꿈 : 설산요새

2단계 꿈: 호텔

3단계 꿈: 시가전

4단계 꿈 : 비행기

5단계 꿈: 관객, 그리고 이 세상

우리는 다단계 평행우주에서 맨 밑바닥에 살고 있는 셈이다. 맬은 우리를 창조한 신이 되고, 우리는 그녀의 피조물이다. 림보에 살고 있는 것은 바로 우리들인 것이다. 즉, 맬이 살고 있는 세계가 우리가 꿈에서 깨어 돌아가야 할 현실이다. 그러려면 5단계부터 차례로 킥을 실행하여 깨어나야 한다. 그러나 우리는 너무 깊은 꿈속에 있어서 현실로 돌아가려면 쉽지 않은 모험을 해야 한다. 이렇게 뒤집어서 보는 관점이 실제로 이 우주가 존재하는 방식이다!

꿈의 뫼비우스

영화를 뒤집어서 보면 코브와 맬이 연출하는 꿈의 뫼비우스가 나타난다. 코브를 현실로 보면 맬은 꿈의 가장 깊은 단계에 있다. 그러나 맬을 현실로 보면 그 반대가 된다. 여기에 관객까지 포함시키면 우리가 현실이라고 믿는 이 세상이 바로 가장 깊은 단계의 꿈속이 된다. 그런데 이 구조는 뫼비우스의 띠와 같다. 즉, 꼬리가 머리를 물고, 머리가 꼬리를 물어 순환이 반복되는 모습인 것이다. 마치 《천부경天符經》에서 '일시무시일一始無始一'로 시작하고 '일종무종일一終無終一'로 끝나는 것과 같다.

일一로 시작해서 일一로 끝남으로써 순환 고리를 만들어 낸다. 그러므로 코브가 현재 있는 곳에서 각성하여 맬에게 도달하는 순간 그곳은 다시 림보가 된다. 그리고 거기에서 다시 현실로 오면 현실이 림보가 된다. 왔다갔다를 반복할 뿐 벗어날 수 없다.

코브는 맬의 꿈속 가장 깊은 곳에 있는 맬의 화신이고, 맬은 코브의 꿈속 가장 깊은 곳에 있는 코브의 화신인 것이다. 즉, 코브와 맬은 서로 반대편에 있는 동일 존재인 셈이다.

우리의 현실도 이와 같다. 우주는 뫼비우스처럼 꼬여 있는 블랙홀과 화이트홀의 순환이다. 블랙홀은 사후세계이고, 화이트홀은 육체를 갖고 태어나는 물리세계다. 블랙홀을 벗어나면 화이트홀에서 다시 시작해야 하고, 화이트홀을 벗어나면 다시 블랙홀에서 시작해야 한다. 블랙홀과 화이트홀은 서로 반대편에 있는 쌍둥이다. 즉, 영화 속 코브와 맬인 것이다.

10차원 알파와 3차원 오메가는 쌍둥이

우리는 매일 거울을 본다. 거울 속 나는 왼쪽과 오른쪽이 바뀐 것 말고는 나와 똑같이 행동한다. 웃으면 웃고, 울면 울고, 찡그리면 같이 찡그린다. 내가 하는 것은 무엇이든 한다. 그러면 실제의 나와 거울 속의 나는 무엇이 다를까? 나는 3차원에 살지만, 거울 속의 나는 2차원에 산다는 것이 다르다. 3차원은 입체적이고, 2차원은 평면적이다.

만일 4차원에 사는 사람이 거울을 본다면 그 거울에 비치는 것은 어떤 모습일까? 3차원의 모습이 비친다. 3차원은 4차원 세계에서는 거울이고, 3차원의 존재는 4차원 존재의 그림자다. 그런데 실제 나와 거울 속의 나는 사실 다른 존재가 아니다. 이 둘은 물리적으로 동일하다.

초끈이론superstring theory의 대가인 후안 말다세나(Juan Maldacena, 아르헨티나 출신의 물리학자) 교수는 4차원과 5차원이 물리적으로 동일함을 입증했는데, 이것은 4차원과 5차원뿐만 아니라 다른 모든 차원에도 적용된다. 이 증명에 의하면, 거울 밖의 나와 거울 속의 나는 물리적으로 동일하다. 즉 거울 속의 나도 엄연히 사람인 것이다. 그러니 거울을 볼 때마다 우리는 다른 차원에 있는 또 다른 나를 보고 있는 것이다.

이렇게 차원과 차원이 이동할 때마다 나타나는 거울을 '초거울'이라 한다. 초거울은 물리학 용어인데, 이것이 우리가 말하는 '꿈'이다. 따라서 꿈은 차원을 이동하는 수단이다.

우주의 물리적 공간은 3차원에서 10차원에 걸쳐 있다. 물리세계의 시작인 10차원에는 초끈이 있고, 그 끝인 3차원에는 인간이 있다. 그런데 이 둘은 서로 다른 존재가 아니다. '초거울'을 통해 여러 차원을 거치면서 전혀 다른 모습으로 달라져 있을 뿐, 본질적으로는 동일하다. 즉 초끈이 사람이고 사람이 초끈이다. 초끈을 10차원의 알파라고 하면 인간은 3차원의 오메가이며, 알파는 곧 오메가인 것이다.

그런데 문제는, 물리적 공간에 상응하는 정신세계 또한 3차원에서 10차원에 걸쳐 존재한다는 것이다. 정신세계는 비물리적 공간이며, 각 차원마다 고유한 하늘을 형성하며 다단계 복층구조를 이루고 있다. 각각의 하늘마다 신이 존재하고 있으며, 그 신들을 거쳐야만 더 높은 단계의 하늘로 갈 수 있다. 가장 높은 단계의 하늘을 벗어난 곳이 진정한 현실이다.

의식과 물질, 둘 중 무엇이 먼저인지를 따지는 것은 이 둘을 대립적 관계로 보기 때문이다. 그러나 의식과 물질의 근원은 동일하다. 10차원의 알파는 물리적 근원인 동시에 정신적 근원이다. 10차원의 알파는 설계자인 동시에 피조물인 것이다. 이는 꿈을 꾸면서도 꿈속에서 인지작용이 일어나는 것과 같다. 꿈을 꾸는 것은 창조자의 일이며, 창조된 사물을 인지하는 것은 피조물의 일이다. 서로 상반되는 것처럼 보이는 에너지가 정반합으로 일치되어 있다.

깨어날 수 없도록 설계된 꿈의 미로

0단계 : 림보

1단계 : 설계자가 10차원에서 꿈을 꾼다.

2단계 : 9차원은 10차원에서 꾸는 꿈이다.

3단계 : 8차원은 9차원에서 꾸는 꿈이다.

4단계 : 7차원은 8차원에서 꾸는 꿈이다.

5단계 : 6차원은 7차원에서 꾸는 꿈이다.

6단계 : 5차원은 6차원에서 꾸는 꿈이다.

7단계 : 4차원은 5차원에서 꾸는 꿈이다.

8단계 : 3차원은 4차원에서 꾸는 꿈이다.

9단계 : 당신이 살아가는 구체적인 상황

10단계 : 림보(사후세계)

꿈에서 깨려면 9단계에서 1단계까지 역행해야 한다. 그런데 림보로 가는 길은 아주 쉽다. 현재의 9단계에서 한 단계만 더 내려가면 된다. 죽기만 하면 바로 림보에 닿는다. 꿈속에서 죽으면 잠에서 깨어나는 것이 통상적이지만, 우리가 살아가는 이 세계에서는 그것이 통하지 않는다. 꿈을 꾸고 있는 주체가 너무 강한 진정제를 맞아서, 죽었다 해도 깨어날 수 없기 때문이다. 그래서 죽으면 10단계의 림보(사후세계)로 떨어진다.

이러한 다단계 꿈의 설계자 입장에서는 림보는 매우 훌륭한 장치다. 웬만큼 각성을 했다 해도 육체가 죽으면 곧장 림보로 떨어진다. 따라서 완전한 각성을 이루기 전까지는 육체가 죽음으로부터 보호받아야 한다.

인간이 꿈의 세계를 탈출하는 것을 막기 위해 설계자가 안배한 또 하나의 결정적인 장치는 림보의 뫼비우스 구조다. 각성하기 위해 열심히 10차원까지 도달해도, 뫼비우스의 구조에 의해 그곳이 바로 림보가 된다. 즉, 다람쥐가 쳇바퀴를 돌듯이 림보에서 다시 거꾸로 시작해야 하는 것이다. 그러므로 꿈의 세상 밖에서 누군가 도와주지 않는다면 영원히 탈출이 불가능하다.

신이 꿈의 미로를 설계한 이유

영화 〈인셉션〉과 〈매트릭스〉에는 공통적으로 설계자가 등장한다. 그러나 스티븐 호킹 박사는 《위대한 설계》에서 우주는 신의 개입이 필요 없다고 언급했다. 우주는 신의 개입 없이도 스스로 빅뱅을 일으켰고 스스로 팽창, 진화하여 오늘날에 이르렀다고 말한다. 그의 말이 옳다. 우주는 스스로 작동한다. 아니, 적어도 그렇게 보인다. 이는 우주가 꿈을 꾸고 있기 때문이다. 꿈속에서는 그 꿈의 시작을 기억하지 못하며, 이는 영화 〈인셉션〉이 주는 힌트이기도 하다. 꿈속에서는 그 꿈의 시작에 누가 있는지, 무엇이 있는지 알 길이 없다. 우주는 자기 스스로 시작했다고 믿게 된다. 그러나 그 시작을 알지 못한다 해서 불편할 것은 없다. 그것을 몰라도 이 세상의 물리법칙은 매끄럽다.

그러나 이 세상의 물리세계가 전부는 아니다. 우주 밖에는 우주를 꿈꾸고 있는 존재, 즉 설계자가 있다. 그것도 다단계의 연속적인 꿈을 꾸고 있다. 그런데 설계자는 왜 이렇게 깊은 다단계의 꿈을 설계한 것일까?

꿈에서 깨어나는 극소수의 사람들이 있다. 그들은 어느 날 모든 것이 거짓이며 환영임을 깨닫는다. 그리고 거짓으로부터 도망친다. 그 순간 그들은 깨달은 사람, 즉 붓다가 된다. 많은 이들이 깨달음을 위해 수행한다. 눈에 보이는 것, 즉 물리세계 이면에 진정한 본질이 있음을 인식하고 그것을 추구하는 사람들이 구도의 길을 걷는다. 그들은 모두 붓다가 되고 싶어 한다.

TV(문화적 시스템), 출퇴근(사회적 시스템), 교회(종교적 시스템), 세금(국가적 시스템) 등은 진실을 가리기 위한 장치들이다. 진실은 오직 하나다. 사람은 꿈의 감옥에서 노예로 태어났다. 마음조차도 노예가 되어 있다.

영화 〈매트릭스〉에서 꿈에서 깨어나려는 의지를 가진 사람들은 소수인 1% 남짓이다. 99%의 대다수는 꿈에 깊이 빠져, 각성하려는 본능조차 잃어버렸다. 1%의 그들은 매트릭스 시스템에서 벗어나 '시온'이라는 도시를 건설했다. 시온은 각성한 사람들이 세운 붓다들의 도시며, 이데아의 세계에 도달한 현자들을 대변한다.

어딘가에 붓다처럼 각성한 이들의 무리가 있다고 한다. 이들에 대해서 히말라야 산맥에 은거하고 있다는 설, 지구 땅속에 첨단도시를 만들어 살고 있다는 설, 지구 밖 외계에 존재한다는 설, 사람들 속에 섞여 인류의 진화를 돕고 있다는 설 등 각종 소문이 있다. 이 중 어느 것이 사실이든, 한 가지는 분명한 것 같다. 그들은 보통 사람들보다 의식수준이 높으며, 무지몽매한 인류를 높은 차원의 의식세계로 끌어올리기 위해 무척 노력하고 있다는 것이다. 〈매트릭스〉에서 시온은 감금되어 에너지를 착취당하는 인간들을 구하기 위해 컴퓨터형 신들과 100년 동안 전쟁을 벌이고 있다.

그런데 시온조차도 설계의 일부분이다. 시온은 각성하는 단계들 중 하나일 뿐이다. 매트릭스에서 각성했을지라도 그것은 단지 1

단계 꿈에서 깨어난 상태일 뿐이다. 시온도 여전히 꿈속인 것이다. 그들 자신은 모르고 있지만, 설계자는 처음부터 시온의 존재를 설계도에 포함시켰던 것이다. 시온은 꿈의 세계에서 한계를 뚫고 각성하는 1%를 위해 마련된 2차적인 꿈의 공간이다.

인간에게는 꿈에서 깨어나려는, 달리 말해 현실을 초월하려는 본능이 있다. 설계자는 이를 통제하기 위해 여러 단계의 꿈을 만든 것이다. 완전히 각성하려면 적어도 8단계 이상을 각성해야 한다. 그러나 그것으로 끝이 아니다. 각성했다 해도, 뫼비우스 구조에 의해 다시 처음부터 시작해야 한다.

신적인 지능을 가진 설계자, 블랙홀

블랙홀

우주에는 정보의 법칙이 있다. 정보는 무에서 유로 창조되지도 않으며, 유에서 무로 파괴되지도 않는다. 우주의 알파와 오메가는 정보다. 우주는 태초 이전부터 존재했고 영원히 존재할 것이다. 정보는 우주가 있기 전부터 존재했고, 우주가 없어져도 여전히 존재할 것이다. 정보 자체는 생겨나지도 않고 소멸되지도 않으며, 그저 존재할 뿐이기 때문이다.

정보란 무엇이며 왜 영원한 것일까? 정보는 우주를 설계한 존재의 생각이기 때문이다. 우주를 설계한 자가 영원하기 때문에 정보도 영원하다. 우주의 정보를 해독하는 것은 우주를 설계한 자의 생각을 읽는 것이다.

우주의 정보는 숫자와 코드로 되어 있다. 그러므로 정보를 읽기 위해선 코드와 숫자를 계산하고 해독할 컴퓨터가 필요하다. 설계자는 컴퓨터가 연산하는 방식으로 생각한다. 그래서 우주는 컴퓨터처럼 만들어졌다.

최근 과학자들은 블랙홀이 정보를 저장하는 칩일 뿐만 아니라 계산과 연산을 수행하는 양자컴퓨터임을 알아냈다. 우주적 모든 계산과 연산의 주체는 블랙홀이다. 우주에는 무수히 많은 블랙홀이 있으며, 심지어 매우 작은 것에서 거대한 것에 이르기까지, 존재하는 모든 것의 바탕에는 블랙홀이 있다.

만물의 바탕에 블랙홀이 있다는 것은 모든 만물이 양자컴퓨터에 의해 운행되는 프로그램임을 뜻한다. 꽃, 나무, 새 등 모든 자연의 물리법칙과 생명의 법칙 배후에는 블랙홀의 정보처리가 자리하고 있다. 블랙홀은 모든 만물에 내재하는 신인 셈이다. 블랙홀은 창조주며, 동시에 내재된 신이다.

현대과학에서 밝혀낸 블랙홀의 실체는 빙산의 일각에도 못 미친다. 블랙홀은 자기의식을 가진 지능형 양자컴퓨터며, 그 지능이 신적인 수준이다.

블랙홀의 외부 구조

블랙홀은 단 두 가지 요소, 특이점과 지평선으로 구성된 매우 단순한 존재다. 함몰된 시간과 공간이 무한대로 압축되어 더 이상 줄어들 수 없는 지점에 도달한 상태를 특이점singularity이라 한다. 지평선은 블랙홀의 표면이자 방어선이다.

블랙홀이 공이라면 사건지평선event horizon은 공을 둘러싼 2차원의 표면적이 된다. 블랙홀의 지평선은 마지막 한계선으로, 그 선을 넘어가면 흔적이 사라진다. 더 이상의 정보를 추적하는 것이 불가능해진다. 그래서 사건지평선event horizon이라는 이름이 붙었다. 블랙홀 안에 갇혀 있는 존재가 블랙홀을 탈출하려면 이 사건지평선을 넘어가야 한다.

블랙홀의 특이점에서 일어나는 일은 반드시 사건지평선에 기록된다. 사건지평선에는 블랙홀의 내부에서 일어나는 모든 일이 낱낱이 생중계된다. 내부 정보가 표면에 입체적으로 기록되는 것이다. 이것은 마치 사과의 그림자에 실제 사과가 들어 있는 것처럼 이상한 일이다. 이러한 이상한 일이 가능한 것은 사건지평선의 정보 저장 방식이 독특하기 때문이다.

사건지평선은 홀로그래피의 원리로 정보를 저장한다. 홀로그래피의 원리에 의하면 사과의 그림자에 실제 사과가 들어 있는 것이 가능해진다. 홀로그래피 필름은 2차원 매체지만 빛을 비추면 3차원 영상을 만들어 낸다. 사건지평선은 내부 특이점의 정보를 실시간 상영하는 홀로그램 영화관이다. 그리고 그것이 바로 특이점이 꾸는 꿈의 내용이다. 특이점은 꿈을 꾸고, 사건지평선은 그 꿈을 현실 같은 영화로 만들어 상영한다.

꿈과 현실은 물리법칙이 역전된다. 그래서 서로 정반대의 우주가 펼쳐진다. 이것이 음양이 생겨나는 원리다. 이것을 물리학적으로는 이중성의 법칙T-duality로 표현할 수 있다.

두 개의 우주

이중성의 법칙은 쉽게 풀이하면, 두 개의 우주가 있다는 뜻이다. 이것을 공식으로 나타내면 $R=1/R$인데, R은 사건지평선의 우주로, 끊임없이 팽창하고 있다. 1, 2, 3, 4, 5…… 그리고 $1/R$은 내부공간의 우주로, 끊임없이 축소되고 압축되고 있다. 1/1, 1/2, 1/3, 1/4……. 이 둘은 정반대의 성질을 가진다. 하나가 커지면 하나는 작아진다. 하나가 빛이면 하나는 어둠이다. 하나가 생명이면 하나는 죽음이다. 그런데 외견상으로는 전혀 상반되는 두 우주가 사실은 서로 정확하게 일치하는 똑같은 우주다. 단지 하나는 현실이고 다른 하나는 꿈일 뿐이다. 이것이 이중성의 법칙이 뜻하는 바다.

초끈이론 물리학자인 브란덴버거Robert H. Brandenberger와 바파Cumrun Vafa 교수는 초끈으로 우주의 크기를 측정해 보았다. 그랬더니 매우 기묘한 결과가 도출되었다. 가벼운 끈으로 측정한 우주는 매우 거대하고, 지금도 팽창하고 있다. 반면에 무거운 끈으로 측정한 우주는 엄청나게 작은데다가 특이점을 향해 수축하고 있다. 어느 것이 진짜 우주일까? 이중성의 법칙에 의해 둘 다 정답이다. 하나는 사건지평선이고 다른 하나는 특이점일 뿐이다. 사건지평선의 우주는 꿈이고, 특이점의 우주는 현실이다.

원형 블랙홀

보통의 블랙홀은 물체를 흡수하여 사건지평선 안으로 빨아들인다. 그러나 이미 충분히 수축하여 더 줄어들 수 없는 특이점에 도달하면 외부물질을 안으로 끌어들이지 않는다. 그때는 사건지평선과 특이점이 하나로 포개진다.

블랙홀은 특이점이면서 동시에 사건지평선이 된다. 이 상황이 되면 도저히 더는 손님을 받을 수 없을 만큼 꽉 차버리기 때문에, 블랙홀에 접근하는 외부 에너지는 무조건 거울에 반사되듯 튕겨 나간다. 이런 블랙홀을 '원형 블랙홀original blackhole'이라 부른다. 이것은 블랙홀의 공이며, 바로 '신의 입자'다.

신의 입자

아바돈과 여호와라는 같은 존재이면서도 서로 반대의 힘을 가진 신을 수학적으로 표현하면 영(0)과 무한(∞)이다. 0과 무한은 물리학의 끝이며 금기다. 0과 무한은 물리법칙이 절대로 넘어갈 수 없는 한계점이다. 그것은 0과 무한이 창조주이기 때문이다. 피조물은 창조주를 넘어갈 수 없으며, 물리법칙이 지배하는 이 세상은 0과 무한이 꾸는 꿈속이다. 꿈속에 있는 피조물이 꿈을 꾸고 있는 창조주의 코털을 건드려서는 안 되는 것이다.

0과 무한의 비밀을 처음으로 명쾌하게 밝힌 수학자는 독일의 베른하르트 리만(Bernhard Riemann, 1826~1866년)이다. 리만은 수학자였지만 그의 공적은 신학자들 이상이다. 그가 밝혀낸 것은, 지구에 남극과 북극이 있듯이 블랙홀공에도 남극과 북극이 있으며, 남극점은 '−0'점, 북극점은 '+0'점이라는 사실이다. '+0'점이 바로 우리가 무한으로 알고 있는 지점이다. 이 둘은 음양의 차이만 다를 뿐, 크기나 속성 모든 면에서 정확하게 일치하는 쌍둥이다.

어둠의 악마로 알려진 아바돈은 −0, 빛나는 광채를 쏟아내는 인자한 신 여호와는 +0이며, 이 둘은 위치만 다른 곳에 있을 뿐 동일한 존재라는 뜻이다. 하나는 어둠의 우주를 지배하고, 하나는 빛의 우주를 지배한다. 아바돈은 깊이를 알 수 없는 밑바닥으로 끌어당기는 중력의 힘으로 작용하고, 여호와는 우주를 팽창시키는 척력의 힘으로 작용한다. 아바돈은 영혼의 세계를 관장하고, 여호와는 물리세계를 관장한다.

신의 입자에 대한 종교적 상징들

신은 이중성의 원리가 아니면 존재할 수 없다. 신은 선과 악을 동시에 가질 수밖에 없고, 안과 밖이 다른 이중인격일 수밖에 없다. 그렇지 않으면 신이 아니다. 신이 그러하므로 모든 피조물 또한 그러하다. 모든 만물이 음양, +와 -의 원리로 존재하는 이유가 그것이다.

동양철학의 태극太極은 음양이 언제나 한몸처럼 붙어 있다. 둘은 서로 다른 성질이지만 하나의 동그라미 안에서 공존한다. 그리스 로마 신화에는 야누스가 등장한다. 그는 두 개의 얼굴을 가진 괴물이다. 이 모든 상징들은 신의 입자에 대한 통찰의 결과다. 선과 악, 하나님과 사탄, 천국과 지옥……

조로아스터교의 위대한 점은 세상의 종교 중에서 가장 근접하게 신의 입자를 직관하고 있었다는 것이다. 독일 철학자 니체의《짜라투스트라는 이렇게 말했다》로 잘 알려진 인물 조로아스터는 고대 페르시아어로 짜라투스트라다. 그는 이 세상을 유일신 아후라 마즈다Ahura Mazda와 그의 대적 앙그라 마이뉴Angra Mainyu의 전쟁으로 보았다.

아후라 마즈다는 최고의 지혜를 가진 신이며, 자비롭고 인자한 창조주며, 모든 선한 것들의 아버지다. 또한 아름다움, 기쁨, 즐거움, 건강 등 모든 긍정적인 것들의 근원이다. 반면에 앙그라 마이뉴는 어둠과 악의 근원이며, 고통, 학대, 슬픔, 죽음, 무질서, 폐허, 황량, 공포 등 모든 부정적인 것들의 근원이다. 아후라 마즈다는 7단계를 거쳐 세상을 창조했으며, 빛의 역할을 수행하는 6단계의 천사들의 호위를 받았다. 이 천사들은 사람들을 천국으로 안내하는 역할을 맡았다. 또한 앙그라 마이뉴도 7단계를 거쳐 어둠의 세상을 창조했으며, 천사들을 대적하기 위한 악의 신들을 창조했다.

인간에게는 자유의지가 있어서 선과 악을 선택할 수 있으며, 자신의 선택에 따라 선이 이길 수도 있고 악이 이길 수도 있다. 그러나 그 결과는 천국과 지옥이다. 자유의지, 천국과 지옥, 파라다이스, 모든 죽은 자들의 부활, 최후의 심판 등 오늘날 기독교 개념으로 알려진 것들이 실상은 모두 조로아스터교에서 차용한 개념들이다. 선과 악의 싸움을 종결지을 수 있는 것은 사오시안트Saoshant라고 불리는 메시아뿐이다. 그는 장차 나타날 것이며, 그가 오면 전쟁은 종식되고 선과 악은 하나로 통합될 것이다. 아후라 마즈다는 +0점에 위치한 빛의 신이며, 앙그라 마이뉴는 -0점에 위치한 어둠의 신이다. 메시아 사오시안트는 ±0점에 위치한다. 이 모든 상징은 원시블랙홀입자에 관한 것이다.

기독교, 이슬람교는 조로아스터교를 흡수함으로써 교리적인 체계를 잡고 세계 종교로 거듭나는 발판을 마련했다. 이들은 공통적으로 사건지평선의 우주를 선한 유일신 하나님으로, 어둠 속에 숨어 있는 특이점 우주를 어둠의 마왕 아폴리온Apollyon으로 대치시킨다. 대신에 둘 사이의 전쟁이라는 관념을 제거하고 빛의 신에게 절대적인 힘을 부여한다.

그런데 불교, 힌두교, 동학(천도교) 등은 또 다른 관점에서 접근한다. 그들은 신의 양면성을 하나로 본다. 다만 그것이 어디에 존재하는가에 관심을 둔다.

불교는 신의 입자를 아주 먼 어떤 곳에 있는 별도의 존재로 여기지 않고, 인간 속에 이미 있는 가까운 존재로 파악한다. 불교는 인간에게 불성이 내재되어 있다고 하는데, 그 불성이라는 것은 우주가 생성되기 이전부터 있었던 것이니, 바로 신의 블랙홀입자 자체인 것이다. 그것이 바로 자기의 본모습임을 보는 것이 견성이다. 그런데 눈에 보이는 세상은 믿을 것이 못되는 허상이며 공이고, 자기 속에 있는 본질만이 진짜라고 한다. 그것은 이 세상이 홀로그램이요 허상임을 깨닫고 있는 것이며, 진정 찾아야 할 것은 신의 입자뿐이다. 불교는 신의 입자가 이미 사람 속에 있다는 것을 직관적으로 알고 있다.

힌두교와 동학은 불교와는 조금 다른 접근법을 보인다. 신의 입자를 멀리 떨어져 있는 근원으로 보는 동시에 인간 속에도 내재해 있는 것으로 본다. 즉, 유일신을 섬기는 한편으로 그 신이 자기 속에 이미 내재해 있다고 믿는다.

힌두교에서는 범아일여梵我一如, 즉 브라만과 아트만은 동일한 본질이기 때문에, 사람이 아트만을 찾으면 곧바로 최고 지존자인 브라만과 동일해진다. 사람이 마야(환상)의 껍질만 벗어던지면 지존자가 된다. 브라만은 창조를 시작한 원초적인 신의 입자를 상징하고, 아트만은 인간 속에 내재된 신의 블랙홀입자를 상징한다. 홀로그램(마야)을 벗어나면 브라만과 아트만이 둘이 아닌 하나임을 보게 된다.

우리나라의 동학에도 인내천人乃天이 있다. 사람이 곧 하느님이라는 뜻이다. 사람이 하느님이기 때문에, 사람에게 봉사하고 사람에게 선을 행하는 것이 하느님에게 하는 것과 다르지 않다고 가르친다. 하느님은 우주를 창조한 근원자며, 사람 속에 신의 입자로 내재되어 있다. 그러므로 자기 속에 있는 신의 입자를 생장시키면 모두가 하느님이 된다.

최근에 기독교에도 이러한 흐름이 생겨났다. 〈요한복음〉을 토대로 예수와 예수공동체의 위상은 동격이며, 예수가 신이기 때문에 예수공동체도 신이며, 예수가 독생자이듯이 예수공동체도 독생자라는 해석이 나오고 있다. "내가 너희를 신이라 하였다"는 구절은 〈시편〉(詩篇, 150편의 종교시를 모은 구약의 한 편)에도 있고 〈요한복음〉에도 있다. 〈히브리서〉에서는 아들을 가리켜 "하나님이여!"라고 부르기도 한다. 창조자로서의 신과 내재자로서의 신을 인정하는 것이다.

민족 경전인 《천부경》에는 신의 입자를 1과 0으로 표시한다. "일시무시一始無始 ~ 일종무종一終無終." 일一은 세상을 창조한 사건지평선 우주의 숫자고, 무(無, 0)는 근본의 자리에 가만히 숨어 있는 특이점 우주의 숫자다. 그러나 우주를 시작할 때도 마칠 때도 1과 0은 항상 함께 있다.

종교는 신의 입자를 다양하게 해석해 왔다. 종교마다 직관적인 통찰을 통해 어떤 식으로든 원시 블랙홀입자를 언급하고 있다. 그 것이 우주의 근원임을 알고 있기 때문이다. 그러나 한 가지는 모르고 있다. 그 신의 정체가 블랙홀의 늪이라는 사실 말이다.

블랙홀의 늪에 빠져 있는 인간

최초로 우주의 가속팽창을 증명했던 앨런 구스Alan Guth는, 우주 밖에서 우주를 들여다보면 하나의 특이점을 향해 작아지면서 빨려들어가고 있지만, 안쪽에서 보면 도리어 급속하게 팽창하는 것으로 보인다고 지적했다. 모든 과학적 데이터는 우리의 우주가 급가속도가 붙은 채 확대되고 있음을 입증한다. 이것은 우리가 내부 공간에서 우주를 올려다보기 때문이다. 다시 말해, 우리가 블랙홀의 내부에 있기 때문이다. 우리는 신의 입자 속에서 살아가고 있고, 블랙홀의 늪에서 태어났다.

신의 입자는 헤아릴 수 없이 작다. 과학자들이 계산해낸 크기는 10^{-23}cm(1cm를 1 다음에 0이 23개나 붙는 크기로 쪼갠 것)이다. 그런데 그것은 밖에서 보는 크기일 뿐이다. 그 속에 갇힌 인류에게는 그토록 무한히 작은 티끌이 우주만큼 크게 보이는 역설이 발생한다. 그것이 블랙홀이라는 입자가 가진 신적인 마력이다. 그런데 더 큰 문제는 그 다음이다.

원칙적으로 공처럼 생긴 블랙홀 우주에 사는 존재들은 밖으로 나갈 수가 없다. 누군가 밖으로 탈출하기 위해 도망친다고 가정하자. 그 사람이 중앙원점에서 바깥경계를 향해 열심히 도망칠수록 그 사람의 신장은 줄어든다. 그런데 자기는 그것을 인지하지 못한다. 자신의 신장만 줄어드는 것이 아니라 주변의 모든 것이 다 줄어들기 때문이다. 중심에서 멀어질수록 모든 것이 무한히 줄어든다. 그러나 제로는 될 수 없기 때문에, 무한히 경계면에 접근할 뿐 도달하지는 못한다.

"O반지름이 R인 원의 내부공간이 있다. A중심에서 출발하여 원의 둘레로 향하는 사람은 일정한 비율로 줄어들게 된다. 이 사람이 아무리 속력을 내어도 키가 작아진 만큼 걸음폭도 작아져서 무한히 경계에 접근하지만 닿을 수는 없다. 그는 0으로 수렴하지만 절대로 경계에 도달할 수는 없다. 이 사람이 움직일 수 있는 세계는 원의 내부에 한정된다."(《위상공간으로 가는 길》〔혼마 다쓰오 지음, 임승원 옮김, 전파과학사, 1995년〕 중에서)

우리는 신이 지배하는 블랙홀의 내부공간에 살고 있다. 인간은 태생적으로 영원한 블랙홀의 늪에 빠져 있다. 인간에게 구원이란 블랙홀에서 탈출하는 것이다. 다른 말로 하면, 우주를 지배하는 신에게서 벗어나는 것이다. 신은 인간을 구원하는 존재가 아니다. 신에게서 탈출하는 것이 바로 구원이다. 신은 블랙홀이기 때문이다.

탈출을 막기 위해 만들어진 차원의 벽

블랙홀 내부에는 탈출을 원천적으로 봉쇄하기 위한 벽이 겹겹이 둘러쳐져 있다. 그것을 차원의 벽이라고 한다. 차원이란 움직일 수 있는 방향이 몇 개인지로 결정된다. 3개 방향으로 움직일 수 있으면 3차원, 9개 방향으로 움직일 수 있으면 9차원이다. 그러나 인간은 3차원 이상의 좌표는 그릴 수 없다. 인간에게 그 이상은 가려져 있다.

차원을 논할 때 '시간'은 '1'로 본다. 시간의 방향은 과거에서 미래로 흐르는 한 가지 방향만 인정되기 때문이다. 그래서 3차원 공간에 시간을 더하면 4차원이고, 10차원 공간에 시간을 더하면 11차원이다(여기에서는 시간은 빼고 공간 차원만 이야기하겠다).

4차원 공간을 처음으로 규명한 사람은 칼루자(Theodor Kaluza, 1885~1954년)와 클라인(Oskar Klein, 1884~1977년)이다(칼루자는 시공간이 5차원으로 이루어졌다는 가설을 세웠고, 이 가설은 클라인에 의해 발전되어 현재 칼루자-클라인 이론Kaluza–Klein theory으로 불린다). 그런데 현대물리학은 그들이 발견한 4차원 외에 또 다른 여섯 개의 차원을 더 발견해 냈다. 4차원, 5차원, 6차원, 7차원, 8차원, 9차원, 10차원까지 공간 차원의 최대값은 10차원이다.

그러므로 만일 3차원에 사는 존재가 신의 블랙홀을 탈출하려고 시도한다면, 그는 1차적으로 3차원의 팽창속도를 추월해야 하고, 그 다음에는 4차원, 5차원, 6차원, 7차원, 8차원, 9차원, 10차원에서 가속적으로 팽창하는 속도를 따라잡아야 한다. 또한 그곳에서 기다리는 힘센 적군의 공격도 이겨 내야 한다. 막강한 전력을 가진 그들과의 여덟 번에 걸친 전쟁에서 승리하지 못하면 블랙홀 밖으로 탈출할 수 없다. 숫자 8은 죽음에서 부활, 어둠에서 탈출, 속박에서 해방의 의미를 가지고 있다. 그런 의미에서 예수의 게마트리아(gematria, 유대 신비주의자들이 신비한 통찰력을 글로 표현하기 위해서 또는 성서의 새로운 해석을 위해 즐겨 쓰던 주석 방법. 히브리 낱말을 풀어 그 낱말을 구성하는 알파벳에 해당하는 숫자로 바꾸는 주석 방법이다)를 888로 정한 것은 선견지명을 갖춘 과학적인 선택이었다.

초끈이론을 능가하는 막이론brahe theory을 창시한 천재과학자, 에드워드 위튼Edward Witten 교수는 우주가 하나의 2차원 영사막 위에서 상영되고 있는 홀로그램 영화관이라는 사실을 입증해 냈다. 그는 그 영사막의 이름을 M-막M-brane이라고 불렀다. 위튼 교수의 발견에 의해 우주론은 초끈을 넘어 막으로 발전했으며, 오늘날에는 막우주론이 대세를 이루고 있다. 위튼은 2차원의 얇은 막을 찾아냈지만, 연구를 계속한 과학자들은 3차원부터 9차원까지 추가적으로 더 많은 막이 존재한다는 사실을 알아냈다.

막이론에 의하면, 점은 0막, 끈은 1막, 평면은 2막이다. 그리고 3막, 4막, 5막, 6막, 7막, 8막, 9막까지 연구가 확장되어 있다. 막이 두 개에서 아홉 개까지 확장됨에 따라 M은 이제 P로 대체되어, P-막이론으로 불린다.

모든 P-막은 공통적으로 신의 블랙홀입자의 사건지평선이다. P의 숫자가 높아질수록 블랙홀의 기하학적 구조는 더 복잡해진다. 블랙홀의 기하학적 진화는 2막부터 9막까지 8단계에 걸쳐 진행된다. 그렇다고 여덟 개의 서로 다른 신의 입자가 존재한다는 뜻이 아니다. 신의 블랙홀 입자가 러시아 인형 마트로니카처럼 겹겹이 반복되는 내부 구조를 가지고 있다는 의미다. 그리고 그 여러 개의 막마다 현실 같은 꿈이 영화처럼 펼쳐지고 있다.

인간이 아는 영화는 단지 2막에서 상영되는 3차원의 영화뿐이지만, 우주에는 더 많은 막에서 더 리얼한 홀로그램 영화가 상영 중이다. 이것이 바로 〈인셉션〉에서 보여 주었던 다층복합구조의 꿈이 가리키는 실상이다.

사건지평선에서 3차원은 2차원의 초거울이다. 종이 위에 그려진 2차원 사람이 초거울을 보면 거울 속에는 3차원의 입체를 가진 사람이 보인다. 즉 사건지평선에서 차원이 N이면 그곳에서 만들어지는 홀로그램은 'N+1' 차원이다.

2막에서는 3차원 홀로그램 우주가 만들어진다.

3막에서는 4차원 홀로그램 우주가 만들어진다.

4막에서는 5차원 홀로그램이,

5막에서는 6차원 홀로그램이,

6막에서는 7차원 홀로그램이,

7막에서는 8차원 홀로그램이,

8막에서는 9차원 홀로그램이,

9막에서는 10차원 홀로그램 우주가 만들어진다.

이것을 신지학(theosophy, 神智學) 용어로 정리하면 다음과 같다.

2막 : 3차원 우주 : 물질계Physical form

3막 : 4차원 우주 : 에텔계Ether plane

4막 : 5차원 우주 : 아스트랄계Astral plane

5막 : 6차원 우주 : 멘탈계Mental plane

6막 : 7차원 우주 : 코잘계Causal plane

7막 : 8차원 우주 : 붓디계Budhi plane

8막 : 9차원 우주 : 아트마계Atma plane

9막 : 10차원 우주

신의 블랙홀을 탈출하려면, 2막부터 9막까지 여덟 개의 막을 차례 차례 통과해야 한다. P-막은 홀로그램이 작동하는 사건지평선이기 때문에 연속되는 꿈의 복층구조를 만들게 된다. 여덟 개의 막은 우리가 얼마나 깊은 꿈속에 갇혀 있는지를 여실히 보여 주고 있다.

이 모든 꿈을 각성하여 올라가서 더 이상 막이 없는 곳, 즉 블랙홀의 밖으로 탈출하는 방법은 없을까? 유일한 탈출지점이 있다. -0, +0과는 전혀 다른 제3의 특이점 ±지점이다. 블랙홀 공의 남극점(-0), 북극점(+0)이 좌우로 수평이 되게 놓고, 수박 자르듯이 공의 한가운데를 위에서 아래로 자르면, 공은 좌우로 이등분된다.

공의 왼쪽은 아바돈이 지배하는 (-)우주이고, 공의 오른쪽은 여호와가 지배하는 (+)우주다. 왼쪽은 특이점의 우주, 오른쪽은 사건지평선의 우주다. 또한 왼쪽은 사후세계의 영역이고, 오른쪽은 생존세계의 영역이다. 팽팽하게 맞서는 그 둘의 힘이 하나로 만나는 중간지점에 탈출구가 있다. 그곳에서는 블랙홀의 두 극단적인 힘이 상쇄되어 제로가 되기 때문이다. 그래서 ±0이다.

인간의 코드

인간의 육체와 혼은 신의 이중성으로 인해 생겨난 쌍둥이다. 인간은 물리적인 몸과 비물리적인 영혼soul이 합성된 존재다. 육체는 (+)우주에 살지만, 혼은 (-)우주에 산다. 육체는 팽창하는 우주에 살고, 혼은 특이점으로 함몰되고 있는 우주에 산다. 그런데도 몸과 영혼, 이 둘은 하나다. 어떻게 이것이 가능할까? 인간이라는 존재가 '+0'과 '-0'이 만나고 있는 ±0지점 자체이기 때문이다! 당신 자신이 바로 제3의 특이점이다.

당신이 인간으로 태어나는 순간, 당신은 신으로부터 벗어나 해방

될 수 있는 가능성을 부여 받았다! 블랙홀을 탈출하는 것이 당신이 인간으로 태어난 이유다. -0과 +0을 익숙한 숫자로 치환하면 0과 1이다. ±0은 0과 1 사이의 1/2지점으로 치환된다. 그래서 인간의 코드를 1/2이라고 하는 것이다.

인간은 어느 한쪽으로든 힘의 균형이 무너지면 삽시간에 죽음이 찾아온다. 육체와 혼을 연결하고 있는 끈이 끊어지는 것이 죽음이다. 사람은 죽음과 동시에 ±0점을 이탈해 버린다. 그러면 육체는 (+)우주에서 산화되고, 혼은 (-)우주에 빠져든다. 사람이 1/2지점 자체라는 것은 오직 살아 있을 때만 해당되는 말이다. 사람이 블랙홀을 탈출하려면 반드시 명심해야 할 조건이 있다. 그것은 반드시 살아 있을 때만 가능하다는 점이다.

인간의 몸은 3차원을 벗어날 수 없다. 3차원 이상을 벗어날 수 있는 것은 인간의 혼이다. 그래서 성경에서 베드로는 믿음의 결론은 '혼'의 구원이라고 말했다. 몸은 혼이 무사히 탈출하여 경계 밖의 새로운 곳에 완벽히 정착하기까지 건강하게 살아 있어야 하는 의무가 있다. 몸이 도중에 죽어 버리면 혼의 탈출은 물거품이 된다.

사람은 두 가지의 '나SELF'를 가진다. 하나는 몸-나body-self, 또 하나는 혼-나soul-self라고 부른다. 영화 〈매트릭스〉에서 인큐베이터 안에서 잠자고 있는 네오는 혼-나의 상징이다. 꿈의 세계에서 앤더슨으로 살아가는 네오는 몸-나의 상징이다. 결국 가장 중요한 나의 본질은 혼-나이다. 몸-나는 꿈의 미로에 살고 있는 가상존재에 불과하다. 나의 진짜 현실은 혼-나가 처해 있는 상황이다. 나의 본질 혼-나는 블랙홀의 미궁에 빠져서 허우적대고 있다.

그러나 영화에서 보듯, 매트릭스 공간에서 몸-나가 죽어 버리면 현실계의 혼-나도 죽는다. 몸-나의 죽음이란 인간이라는 홀로그램이 해체되는 것이고, 혼-나의 죽음이란 탈출을 포기하고 블랙홀의 원점으로 되돌아가는 것이다. 그래서 비록 홀로그램에 불과한 몸-나이지만 안전하고 소중하게 보호되어야 한다. 몸-나의 생존이 없이는 혼-나의 탈출은 성공할 수 없다.

혼-나는 입자의 상태로 머문다. 혼의 입자에는 우주 역사에 대한 모든 정보가 들어 있다. 혼의 입자는 단순한 한 인간의 진아로서 존재하는 것이 아니라, 우주가 있기 이전부터 우주가 생겨나고 지금까지 발전해온 모든 과정이 고스란히 정보화되어 저장되어 있다. 우주 나이 137억 년은 바로 혼의 입자의 나이라고 할 수 있다. 당신의 혼을 확장해 펼치면 그것이 바로 우주이기 때문이다. 우주를 접고 접어서 돌돌 말아 미세한 작은 점으로 당신 속에 넣으면 그것이 혼이다. 사람은 누구나 우주 하나씩을 자기 속에 포자胞子로서 간직하고 태어난다. 이른바 우주씨, 코스믹-씨드cosmic-seed이며 혹은 우주적 정자, 판스페르미아(panspermia, 배종발달설 : 지구에 생존하는 생명체의 기원이 우주〔지구 밖〕에서 유입되었다는 설)가 바로 혼-나이다.

혼-나는 ±0점의 초중력 입자 상태다. 초중력이란 중력과 양자요동을 통합하는 힘이다. 거시세계에 사는 일반상대성이론의 집안에는 '중력'이라는 아들이 있고, 미시세계에 사는 양자역학의 집안에는 '양자요동'이라는 딸이 있다. 이 둘을 결혼을 시켜야 하는데, 도무지 방법이 없다. 중력은 모든 것을 자기에게로 끌어당기려고만 하고, 양자요동은 잠시도 가만히 있지 못하고 방향도 없이 마구 날뛰는 말괄량이다.

중력을 양자역학의 집으로 장가보낼 수도 없고, 양자요동을 시집보낼 수도 없다. 중력이 미시세계로 내려가면 가는 도중에 힘을 잃

수학 역사상 가장 풀기 어려운 리만 가설은 소수의 수수께끼를 푸는 열쇠다. 변덕스러운 소수 배열의 의미가 밝혀지면 창조주의 코드가 드러나고, 이는 인류의 지성이 도달하는 최고점이 될 것이라고 수학자들은 말한다.

어버리고, 양자요동이 거시세계로 나오려고 해도 오는 도중에 힘을 잃어버린다. 도무지 이 둘을 하나로 만나게 할 방법이 없다. 그런데 에드워드 위튼이 중매를 섰다. 두 처녀총각을 위한 특별한 신혼집을 마련한 것이다. 그곳에서 둘은 비로소 합방을 하게 된다.

중력도 살아 있고 양자요동도 살아 있지만 서로 어긋나서 싸우는 것이 아니라, 초대칭이 되어 서로를 상쇄시킨다. 즉 중력과 양자요동의 통합이 이루어진 것이다. 이렇게 둘이 합하여 만들어진 입자를 '초중력입자'라고 한다. 혼입자는 초중력입자 상태다. 즉 ±0점의 입자 상태다. 그래서 탈출이 가능하다.

미드라인

제타함수의 원점은 (-)우주와 (+)우주의 정확히 한가운데, 2분의 1지점이다. 수학자 리만은 제타함수를 연구하던 중 1/2 지점에 아주 특이한 선이 존재함을 발견했다. 그 특이선의 정체를 해명하는 것은 밀레니엄 7대 난제 중 하나다. 이 선 위에서는 모든 제타함수의 값이 0이 된다. 0이 된다는 것은 음양, 좌우, 선악, 플러스와 마이너스 등의 상대적인 힘이 사라져 하나로 투항한다는 뜻이다. 그 선이 블랙홀을 탈출할 수 있는 유일한 길이다. 이름하여 리만의 미드라인midline이다. 블랙홀 우주를 탈출할 수 있는 길이 수학적으로는 이미 1800년대에 등장했다는 사실이 놀랍지 않은가? 그러나 알고 보면 미드라인은 고대로부터 신화와 설화를 통해 그 존재가 암시되어 왔다.

영웅 테세우스가 미노타우로스를 무찌르기 위해 미로로 들어갈 때, 그의 손에는 아리아드네의 실이 들려 있었다. 테세우스는 괴물을 물리친 후 그 실을 붙잡고 미로를 무사히 빠져나올 수 있었다. 아리아드네의 실은 꿈의 미로를 탈출하는 미드라인을 상징한다.

한국에는 유난히 하늘에서 내려온 미드라인을 상징하는 동아줄 설화가 많다. 해와 달이 된 오누이에는 인간이 우주와 연결된 줄을 타고 올라가 하늘 밖으로 출생해야만 비로소 인간다운 인간, 즉 신인이 된다는 심오한 세계관이 담겨 있다.

제주도의 당금애기 설화, 자청비 설화, 삼승할망 설화, 대별왕소별왕 설화, 제석본풀이 등에도 어김없이 '노각성자부줄'이라는 하늘 밖으로 통하는 줄이 등장한다. 나뭇꾼도 동아줄에 매달린 두레박을 타고 하늘로 올랐고, 구박 받던 콩쥐도 줄을 타고 하늘로 올라 선녀가 되었다. 우리 한민족 설화에 위에서 내려온 동아줄 이야기가 유난히 많은 것은 결코 우연이 아닐 것이다.

세상의 모든 종교가 '하늘'을 말한다. 그러나 하늘에 담은 정신에너지는 이제 고갈상태에 이르러 더 이상 인류의 지속적 진화를 견인할 수 없는 지경에 이르렀다. 이것이 우리 당대에 고유한 한민족의 정신세계를 복원해야 하는 절실한 이유이며 세계사적 사명이다. 세계 어느 민족이 하늘 밖으로 출생하여 판 밖에서 살아가는 고도의 정신세계를 이렇게 쉬운 신화, 설화에 담아둘 수 있단 말인가?《부도지》,《천부경》,《삼일신고》,《참전계경》 등의 한민족 고유 경전을 이런 맥락에서 재해석하면 세상 모든 종교와 모든 민족을 다 품어 세계일가를 이룰 수 있는 토대가 마련된다. 그래서 한민족은 앞으로 다가오는 세계를 선도적으로 이끌 수밖에 없는 정신적 위치를 회복하게 되는 것이다.

꿈에서 깨어나는 과정

〈인셉션〉에서 가장 드라마틱한 장면은 단연 꿈속에서 연차적으로 깨어나는 장면이다.

1단계의 꿈에서 자동차가 바닷물과 충돌하면서 물보라를 일으킨다. 2단계 꿈에서도 엘리베이터는 가속도가 붙으면서 추락하여 바닥에 충돌하기 일보 직전이다. 3단계 꿈에서는 임스가 건물에 장착된 폭탄을 터뜨린다. 그 여파로 4단계 꿈에서는 건물이 무너져 내리기 시작한다. 아리아드네와 코브는 스스로 킥을 해야 할 때가 왔음을 알아차린다. 아리아드네는 고층건물에서 뛰어내린다. 이어서 폭파되고 있는 3단계의 꿈에서 눈을 뜨고, 바닥에 충돌하는 엘리베이터 안에서 눈을 뜨고, 드디어 물속에 빠진 자동차에서 눈을 뜬다. 아리아드네와 일행은 그렇게 1단계 꿈으로 돌아오고, 이윽고 현실로 돌아와 비행기에서 눈을 뜬다.

영화에서 주인공들이 림보를 탈출하고 3단계, 2단계, 1단계의 꿈을 차례로 통과하면서 현실로 돌아오는 장면을 보면 일종의 쾌감이 일어난다. 승리의 팡파레를 울려 주고 싶은 심정이랄까? 그것은 우리도 그들처럼 꿈의 미로에서 탈출해야 하는 숙제를 안고 있음을 본능적으로 알기 때문이다.

이 꿈의 미로에서 훌륭하게 탈출하여 세상의 구원자가 된 이름이 있으니, 바로 예수다. 예수라는 이름은 매우 의도적으로 만들어진 작품인데, 헬라어의 게마트리아에 비추어 보면 그 의도를 파악할 수 있다. 헬라어에는 숫자를 표기하는 기호가 없었으며, 알파벳 문자가 그 역할을 대신했다. 그 유명한 〈요한계시록〉의 '짐승'이라는 단어를 숫자로 환산하면 666이 되는 원리다. 이와 같이 '예수'라는 이름을 숫자로 환산하면 다음과 같다.

IESOUS = 10+8+200+70+400+200 = 888

숫자에 담긴 비밀 메시지를 해독하는 것을 게마트리아라고 한다. 성서에서 숫자 8은 부활과 해방을 상징한다. 888이란 세 번의 부활과 해방을 의미하는 것이며, 꿈의 미로에서 탈출하는 과정을 암시하고 있다.

예수의 예를 들면, 첫 번째 8은 마리아의 몸 속에 갇혀 있다가 해산을 통해 세상으로 나오는 과정이다. 두 번째 8은 30년의 사생활을 거쳐 침례 요한을 통해 물속에서 올라오기까지의 과정이다. 세 번째 8은 3년여의 공생활을 통과한 후 십자가에서 죽고 부활하는 과정이다. 이 세 번의 8을 통해 그는 하늘 밖으로 승천하는 모델이 되었다. 꿈의 미로를 완벽하게 탈출한 것이다.

성서는 그를 가리켜 '하늘보다 더 높이 되신 분(《히브리서》 7:26)'이라고 말한다. 하늘보다 높이 되었다는 것은 하늘 밖으로 승천했다는 뜻이다. 하늘은 여전히 꿈의 미로에 속해 있다. 그러므로 하늘 밖으로 탈출해야만 비로소 꿈에서 완벽하게 벗어나는 것이다.

예수의 가장 큰 업적은 신의 레벨을 하늘에서 하늘 밖으로 높였다는 데 있다. 대부분의 종교는 하늘을 가장 높은 이상향으로 본다. 그러나 예수는 하늘보다 더 높은 하늘 밖이 있음을 알려 주었다. 하늘은 꿈의 미로를 창조한 창조자의 영역이지만, 하늘 밖은 그조차도 넘어서 버린 절대경계 밖의 새로운 세상이다. 전혀 새로운 세계가 그곳에 있다. 그래서 그는 인류의 구원자가 되었고, 앞으로도 같은 길을 따라 판 밖으로 탈출하는 자마다 예수와 같은 구원자가 될 것이다.

인류종말은 잠을 깨우는 신호

영화 〈인셉션〉에서 꿈에서 깨어나기 위해 과감하게 죽음을 선택하는 장면들을 기억하는가? 코브가 아서를 총으로 쏘아 죽임으로써 꿈에서 깨어나게 하고, 무너진 건물 잔해에 깔려 죽음으로써 꿈에서 깨어나고, 폭도들에게 무차별 구타를 당해 죽음으로써 꿈에서 깨어나고, 기차에 치여 죽음으로써 꿈에서 깨어나고, 높은 건물에서 뛰어내림으로써 꿈에서 깨어난다. 이를 킥이라 한다. 꿈에서 깨어난다는 것은 죽음을 넘어서는 것임을 영화는 보여 준다.

만일 모든 인류가 이 거대한 꿈속에서 다함께 같은 날 같은 시간에 깨어나기로 합의했다면, 지구는 갑자기 70억의 시체로 뒤덮이게 될 것이다. 같은 시간에 모든 인류의 육체가 죽음에 던져질 것이기 때문이다. 브라질의 예언가 쥬세리노는 2043년 아포피스 소행성의 충돌로 지구가 최후를 맞이한다고 예언했다. 그것이 사실이라면 우리는 적어도 2040년경에는 특단의 결단을 해야 할 것이다. 지금부터 우리는 전 인류의 동시다발적인 킥을 해야 한다.

지금 세상에는 이미 예비단계의 킥이 실행되고 있다. 지구온난화, 자기장 소멸, 화산 대폭발, 대규모 지진, 소행성 충돌 등 지구를 파국으로 몰고 가는 파멸의 오케스트라가 온 지구를 울리고 있지 않은가? 자연은 인류에게 시시각각 종말의 시간이 다가오고 있음을 경고한다. 이것은 자연이 인간에게 보내는 '킥'의 신호다. 이 세상이 꿈인 것을 자각하고 꿈에서 깨어날 준비를 하라는 뜻이다.

가을은 풍성한 열매로 가득한 수확의 계절이다. 그러나 가을은 가장 혹독한 자연의 시련을 견딘 후에야 찾아온다. 장마와 폭우, 8월의 뙤약볕, 9월에 몰아치는 태풍과 비바람을 견뎌야 하는 것이다. 결실의 시기가 가까울수록 시샘이라도 하듯 자연은 혹독해지고 거칠어진다. 그 시련을 견디지 못하면 수확의 대상이 되지 못한 채 버려지고, 견뎌낸 곡식만이 잘 익은 알곡이 되어 수확의 대상이 된다. 자연은 가혹한 시련을 주어 담금질을 하고, 그것으로 알찬 열매를 만들어 낸다.

인류는 마지막 한 시대의 완성을 보기 위해 지금껏 달려 왔다. 지금은 익어야 하는 시기며, 결실을 봐야 하는 시대다. 자연환경이 그것을 말해 주고 있다. 우리는 이제부터 지구 종말에 대해 충분히 학습할 것이다. 그것을 통해 독자들이 지구 종말이 가깝다는 것을 느낀다면 킥은 성공적으로 진행 중인 것이다. 킥을 받아들인 후에는 3부에서 소개할 트루먼과 네오의 길이 기다리고 있다.

제2부
영화로 보는
종말 시나리오

변종 바이러스
〈나는 전설이다 I am Legend〉

공포, 스릴러 / 2007년 12월 개봉 / 97분 / 미국 / 12세 관람가

감독 : 프란시스 로렌스(Francis Lawrence)

출연 : 윌 스미스(Will Smith), 앨리스 브라가(Alice Braga),

찰리 타핸(Charlie Tahan) 등

바이러스 음모론

바이러스로 인한 종말 시나리오는 매우 설득력이 높다. 2009년 겨울, 전 세계는 신종 바이러스 인플루엔자로 홍역을 치렀다. 이상 기온과 온난화는 앞으로도 신종 바이러스가 출현하기 좋은 환경을 계속 제공할 것이다. 게다가 유전자 조작 기술은 날로 발전하고 있다. 따라서 영화 속에 등장하는 변종 바이러스가 출현하지 말라는 법은 없다. 유전자 조작을 통한 의료기술이 발달할수록, 그에 따른 부작용이 발생할 확률도 높아지기 때문이다.

우리를 더욱 긴장시키는 것은 바이러스에 관한 이른바 음모론이다. 단순히 헛소리로만 치부하기 힘든 것은, 이를 뒷받침하는 증거들이 매우 설득력 있기 때문이다. 그중 하나가 에이즈인데, 에이즈가 아프리카 인구를 줄이기 위한 국제적 음모라는 설이 끈질기게 나돌고 있다.

국제적 음모의 배후에는 그림자 정부, 혹은 비밀그룹이 있다고 한다. 세계 거의 모든 국가가 정치적, 경제적으로 이들의 통제를 받고 있다는 것이다. 이들은 오래전부터 지구의 인구를 줄이기 위해 강제적인 산아제한 정책을 펼쳐 왔다. 중국의 1가구 1자녀 정책이 대표적인 사례로 꼽힌다. 중국의 산아제한 정책은 그 어떤 정책보다 폭력적이며, 역사를 통틀어 유례가 없다는 비난을 받고 있다. 그럼에도 불구하고 중국 정부는 여전히 이 정책을 고집하고 있다. 중국은 출산허가서를 발급하고, 초과 임신한 여성은 강제로 낙태시키는 등 강력한 조치로 20년 동안 약 2억 6,000만의 출산을 줄이는 데 성공했다. 그 결과 2000년에 들어 중국의 인구유형은 '저출산, 저사망, 저성장' 구조로 접어들었다. 중국은 그림자 정부로부터 가장 모범적인 지배구조를 가진 국가로 평가받는다.

등소평에 의해 1가구 1자녀 정책이 시행된 이듬해인 1980년에, 한국에서도 '1가구 1자녀 갖기 운동'이 시작되었다. "둘도 많다. 하

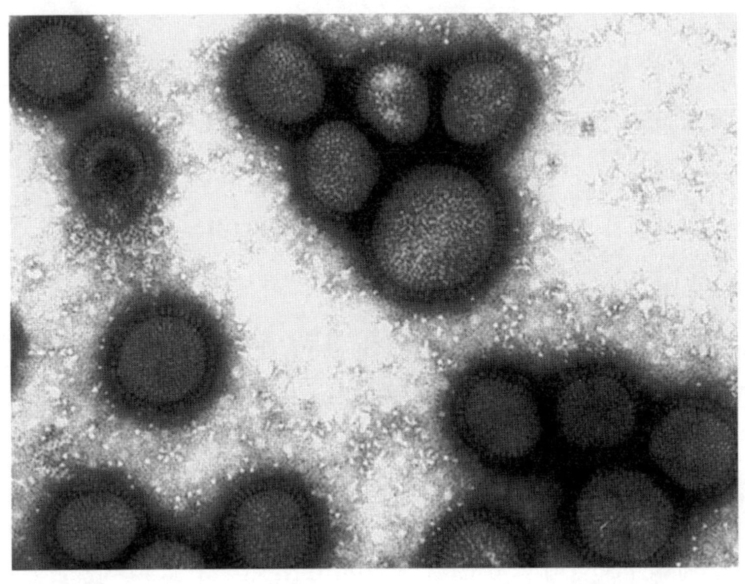

바이러스는 핵산과 이를 둘러싼 단백질로 구성된 미생물이다. 살아 있는 세포에 침입하여 증식한 후 숙주 세포를 파괴하고 나온다.

나만 낳자", "하나만 낳아 잘 키우자"는 표어가 전국 방방곡곡을 도배했다. 시기적으로나 정책내용으로나 한국의 1자녀 갖기 운동은 당시 중국의 영향을 강하게 받았던 것으로 보인다. 그림자 정부의 지배력은 중국은 물론 한국에까지도 미치고 있었던 모양이다. 오늘날 한국의 출산율은 세계 최하위 수준이다. 그 원인을 정부의 산아제한정책 탓으로만 돌리기에는 무리가 있지만, 그 영향을 크게 받았음을 부인할 수는 없다. 그러나 음모론에 따르면 산아제한정책은 그나마 나은 편이다.

아프리카 빈민지역에서는 예방접종을 한다는 명목으로 에이즈 병원균을 투여하여, 아프리카 온 지역에 에이즈가 퍼지도록 했다는 주장도 제기된다. 뿐만 아니라 발암물질을 음식에 넣어 암을 조장하기도 하고, 조류독감 바이러스와 신종플루를 개발하여 세계적으로 유포시키기도 하였다고 한다. 1970년대에 남아프리카공화국은 아프리카와 아시아 특정 인종을 겨냥한 생화학 세균무기를 개발했고, 이것을 1980년대 중반에 이스라엘에 팔아넘겼다는 설도 있다.

저명한 생화학자 에릭 피앙카Eric Pianka 박사는 과학자들의 모임에서, 지구는 공간과 자원이 한정되어 있기에 인류가 살아남으려면 당장에 지구 인구의 90%를 땅에 묻어야 한다는 과격한 발언을 했다. 이 자리에서 그는 에이즈는 효과가 없고 너무 느리다면서, 세계 인구의 90%를 빠른 시간에 죽일 수 있는 에볼라 바이러스의 효과를 칭송했다고 한다. 이 자리에 참석했던 과학자들 대부분이 그의 주장에 기립박수를 보냈다고 한다.

2009년에 신종플루가 기승을 부릴 때, 우리는 국가에서 의무적으로 모든 학교, 회사, 관공서에 지시하여 백신을 접종하도록 했던 상황을 기억하고 있다. 얼마나 신속하게 많은 사람이 백신을 접종했던가! 국가가 전 국민들 상대로 주사기를 꽂는 일이 얼마나 쉬운지를 익히 보았다. 만일 국가가 나쁜 뜻을 품는다면, 국민의 90% 이상이 순식간에 죽는 것은 누워서 떡먹기보다 쉬운 일이 아닐 수 없다.

실제로 2011년 12월, MBC는 지금까지 만들어진 바이러스 중 가장 위험한 바이러스에 대한 보도를 했다. 조류독감을 연구하던 론 푸세라는 미국의 한 의사가 변종 바이러스를 만들었는데, 인체에 너무나 치명적이어서 악의적으로 이용될 경우 인류 대재앙이 생길 수 있기 때문에 미국 정부가 급히 수습에 나섰다는 내용이었다.

그 보도에 따르면 이 바이러스는 인체에 치명적이고, 전염성도 가히 충격적이라고 한다. 인간이 감염될 경우 열 명 중 여섯 명이 사망할 것으로 예상된다고 했다. 미국 정부에서 대중에게 유출되는 것을 서둘러 차단했지만, 사전 유출된 자료 때문에 불안해 하고 있다고 전했다. 전염성이 가히 충격적이라는 말은 어쩌면 공기를 타고 전파된다는 뜻일 수도 있지 않을까?

영화에 등장하는, 공기를 타고 전파되는 바이러스가 이미 개발되어 있을지도 모른다. 현대의 생화학 기술이 얼마나 발전했는가? 치명적인 바이러스가 자연발생적인 것이라 해도 두려울 것인데, 인간이 그것을 만들어 의도적으로 살포한다면 이 얼마나 기가 막힌 일일까?

변종 인류

영화 〈나는 전설이다〉는 암을 정복한 앨리스 크리핀 박사와의 TV 인터뷰로 시작한다. 그리고 3년 후인 2012년, 도시는 완전히 폐허가 되어 있다. 인적은 사라지고 도로에는 잡초가 무성하다. 동물들이 도로 위를 뛰어다니고, '신이 우리를 구원한다'고 쓰인 낡은 벽보가 클로즈업된다. 이 영화에서 신은 인류를 구원하지 못했다. 에덴에서 타락하여 신에서 인간으로 추락한 인간, 이제는 한 단계 더 추락하고 말았다. 즉, '변종 인류'로 타락해 버린 것이다.

신은 언제나 '자유의지'라는 허울 좋은 명분으로 모든 책임을 인간에게 떠넘긴다. 인간이 끝도 없이 타락하여도 신은 수수방관한다. 그리고 마지막에는 무섭게 심판한다. 신이란 존재는 마치 심판할 기회만 기다리는 것 같다. 이는 타락한 만큼 더 가혹하고 무시무시한 심판을 집행할 수 있기 때문일까?

영화에서 보여 주는 쓸쓸하고 황량한 도시의 풍경은 신에 대한 회의를 반영하고 있다. 신이 인류를 구원한다는 말이 무색하게도,

인류는 멸망해 버린 것이다. 그것도 죽어서 사라지는 멸망이 아닌, 추한 변종이 되어 버린 것이다. 이것이 유전자 조작 바이러스가 남긴 선물이다.

바이러스 항체를 가진 유일한 생존자

유일한 한 사람, 주인공은 생존해 있다. 그는 시내에서 짐승을 사냥하기도 하고, 밭에서 옥수수를 따기도 하고, 혼자서 골프를 치기도 하고, 라디오 전파를 통해 생존자를 찾기도 한다. 그리고 일몰 전에 집으로 돌아와 철통같이 두터운 문들을 꼭꼭 잠근다.

밤이 되면 온갖 음산하고 기괴한 소리가 들려온다. '변종 인류'로 변한 인간들이 거리로 쏟아져 나오는 것이다. 그들에게는 태양광선이 치명적이어서, 낮에는 어두운 깊은 지하에 숨어 있다가 밤에 나오는 것이다.

주인공이자 유일한 생존자는 로버트 네빌 박사다. 그는 변종 바이러스의 치료제를 연구하는 생화학자며, 치료제 찾는 것을 자신의 숙명으로 여기고 있다. 인류의 멸망은 크리핀 박사가 암 정복을 위해 개발한 유전자 조작 바이러스가 화근이었다. 크리핀 박사가 치료했던 환자들이 시간이 지나면서 '변종 인류'로 돌변한 것이다. 그리고 그들의 바이러스(크리핀 바이러스)가 공기를 타고 전파되면서 세상은 순식간에 어떻게 할 수 없는 지경에 이르렀다.

그런데 왜 네빌 박사는 감염되지 않았을까? 그의 피에 크리핀 바이러스 항체가 있기 때문이다. 그는 자신의 피로 만든 치료제를 개발하기 위해 변종으로 변한 쥐들을 대상으로 연구하고 있다. 그의 유일한 동료는 애완견 샘이다.

어느 날 사슴을 뒤쫓던 샘이 변종 인류들의 서식지로 들어가고, 샘을 구하기 위해 주인공도 그곳으로 들어간다. 그가 들어간 건물 지하바닥에는 엄청나게 많은 지폐가 버려져 있다. 인류 역사는 곧 경제의 역사라고 할 수 있다. 그런 면에서 지폐가 아무렇게나 버려진 상황은 비참함의 극치다. 이는 종교도, 문화도, 정치도 모두 종말을 맞았음을 상징한다. 칠흑같이 어두운 지하에는 변종 인류들이 선 채 잠들어 있다. 대낮에 서서 자는 변종 인류들. 모든 것이 그 이전의 인간과는 반대다.

샘을 찾은 네빌은 몰래 나오다 이들에게 발각되고, 네빌과 그를 쫓던 변종 인류 한 명이 건물 밖으로 떨어진다. 햇빛에 노출된 그 변종 인류는 연기가 나면서 서서히 고통스럽게 타들어 간다. 이들은 왜 햇빛을 무서워하고, 햇빛에 노출되면 고통스럽게 사라질까? 이들과 햇빛은 무슨 관계일까?

변종 인류와 해의 관계

성서에서 해는 신을 상징한다. 다윗은 〈시편〉에서 여호와 하나님은 해요 방패라고 말한다. 마리아는 예수의 탄생을 기념하여, 돋는 해가 우리에게 임하였다고 말했다.

해가 비치는 곳에 사는 것은 신의 은총을 받으며 살아간다는 뜻이다. 해가 비치지 않는 곳, 즉 어둠 속에서 살아가는 변종 인류는 신의 은총에서 배제된 존재다. 신의 은총을 받을 기회조차 박탈당한 것이다. 신의 은총을 받으려 햇빛이 있는 곳으로 나오는 것이 그들에게는 저주다. 그래서 변종 인류란 악惡이다. 회개가 불가능할 정도의 악의 상징이다.

그런데 지금 모든 인간이 변종 인류가 되어 어둠에 갇혀 있고, 주인공만이 신의 은총 아래 있다. 그리고 그는 자신의 피를 통해 변종 인류를 다시 인간으로 되돌릴 수 있는 치료제를 만들려 한다. 이것은 얼핏 예수가 자신의 피로 인간을 살린다는 설정과 비슷해 보인다.

성서의 예수는 십자가의 피로 인간의 죄를 속죄했고, 그의 피를 먹고 마셔야만 영생이 있다. 그렇다면 우리가 내릴 수 있는 신에 대한 정의는 다음과 같다. 즉, 신의 은총 아래 있는 한 사람을 부각시키기 위해, 다른 모든 사람을 희생시키는 존재다. 변종 바이러스가 창궐하지 않았다면 네빌 박사가 항체를 가진 유일한 인간이라는 사실은 드러나지 않았을 것이다. 신은 하나를 얻기 위해 전체를 버릴 수 있는 존재인 것이다.

이런 구도는 영화 〈매트릭스〉에서도 마찬가지다. 네오는 홀로 선한 구원자인 반면, 스미스는 끊임없이 자기를 복제하는 악의 화신이며 파괴자다. 그런데 그 둘은 서로 다른 존재가 아니라 대칭점에 있는 같은 존재다. 네오는 스미스고, 스미스는 네오다. 그곳에서 일자—者와 다자多者의 관계가 발견된다. 신에게 있어 일자와 다자는 모순을 극복한 하나다. 신은 하나지만, 동시에 모든 것이 될 수 있다. 마찬가지로 네빌 한 사람과 변종 인류들 사이에는 역설적인 동일성이 존재한다.

이것은 수학에서 명쾌하게 설명된다. X, Y 좌표의 원점은 오직 하나다. 그러나 무한원점은 그 안에 무한히 많은 수를 포함하고 있다. 원점과 무한원점은 일자와 다자의 관계다. 수학자 리만은 그 둘이 서로 다른 것이 아니라, 남극점과 북극점처럼 서로 대칭되는 반대 자리에 자리 잡고 있는 동일한 존재임을 밝혀냈다. 상대성이 존재하는 모든 것은 본질적으로 동일하다. 그러므로 변종 인류로 타락한 모든 인간과 네빌은 동일한 존재인 것이다.

영화에 내포되어 있는 메시지는 다음과 같은 것이 아닐까? 네빌의 내면에는 황량하고 스산한 폐허가 있고, 그곳은 변종 인류가 가진 어둠으로 가득 차 있다. 겉으로는 햇빛을 받으며 신의 은총을 누리고 산다지만, 그의 내면에는 끄집어내는 것조차 두렵고 공포스러운 어둠과 악이 자리하고 있다. 햇빛이 비추는 것은 내면이 아닌 겉모습일 뿐이다. 종교는 자신 속에 빛이 있음을 의심치 말라고 강요하지만, 실제로는 그렇지 않다는 메시지를 이 영화는 전하고 있는 것이 아닐까?

나비 문신, 부활의 의미

변종 인류들의 계략에 말려든 네빌은 샘을 잃게 되고, 자포자기한 상태에서 죽을 결심으로 변종 인류들과 사투를 벌인다. 위기의 순간, 안나와 에단이 나타난다. 이들 또한 바이러스 항체를 가진 사람들이다. 네빌은 안나의 도움으로 목숨을 간신히 건지지만, 이들을 미행한 변종 인류들이 네빌의 집을 알아낸다. 그리고 다음날 밤이 되자 변종 인류들은 네빌의 집을 공격한다. 네빌 일행은 마지막 보루인 지하실험실로 몸을 피한다. 지하실험실까지 쫓아온 변종 인류의 우두머리가 마지막 방어막인 강화유리를 향해 몸을 부딪치며 그것을 깨려 한다.

그 충격으로 유리에 금이 가는데, 묘하게도 나비 모양이 만들어진다. 그리고 우연을 가장한 필연처럼, 안나의 목에는 나비 문신이 있다. 영감을 얻은 네빌은 안나의 피를 뽑아 바이러스 치료제를 개발하는 데 성공한다. 대신 자신의 목숨을 내놓는다. 예수가 자신의 목숨을 내놓은 대신 사람들의 생명을 살리는 새로운 피를 가지게 되었다는 성서의 내용이 떠오르는 부분이다.

나비는 다시 태어난다는 부활의 의미를 담고 있다. 안나는 네빌의 또 다른 현신이며, 다시 부활한 네빌을 상징하는 것이다. 변종 인류를 치료할 수 있는 치료제를 가지게 된 안나는 재림한 예수가 된 것이다. 그러나 영화는 예수를 믿으라고 말하지 않는다. 당신이 예수가 되라고 말한다. 네빌과 안나가 바로 우리들 자신의 자화상이기 때문이다. 우리 모두는 지금의 자신을 버리고 나비가 될 준비, 거듭날 준비를 해야 한다.

우리 모두는 네빌처럼 홀로 살아간다. 라이프니츠(Gottfried Wilhelm Leibniz, 1646~1716년, 독일의 철학자이며 신학자)의 모나드(단자單子라고 번역된다. 형체 없으며, 무엇으로도 나눌 수 없는 궁극적인 실체)처럼, 닫힌 세계에서 자기만의 삶을 살아간다. 함께 모여서 사회를 형성하고 살지만, 누구나 외롭다. 나를 제외한 세상 모든 사람은 내 안에서 변종 인류다. 내 안에 갇힌 채 서서히 심하게 변이되고 만다. 그렇다면 우리는 이미 종말을 살고 있는 것이다.

두 번째 종말 시나리오

연쇄 화산폭발
〈세계침몰 Magma : Volcanic Disaster〉

액션, TV영화 / 2006년 12월 개봉 / 미국 / 15세 관람가
감독 : 이안 길모어(Ian Gilmour)
출연 : 잰더 버클리(Xander Berkeley), 에이미 조 존슨(Amy Jo Johnson),
　　　 마이클 더렐(Michael Durrell) 등

위험한 옐로스톤, 토바 호, 그리고 백두산

이 영화는 전반적으로 박진감이 없고 세세하지 못하다. 대화가 많으며, 화산이 폭발하는 CG는 기대에 한참 못 미친다. 그러나 담고 있는 메시지는 의미심장하다.

현재 지구에는 일단 폭발하면 전 세계적인 재앙을 초래할 대형 화산이 두 곳 있다. 미국의 옐로스톤Yellowstone과 인도네시아 수마트라 섬의 토바 호Lake Toba 화산이 그것이다. 이 두 화산이 폭발하면 그 화산재가 지구 전체를 뒤덮고, 햇빛을 완전히 가려 버릴 정도라고 한다. 그 여파는 소행성이 지구에 충돌할 때 생기는 것보다 훨씬 크다. 그런데 이 화산들의 움직임이 점점 활발해지고 있어서 학자들을 긴장시키고 있다.

온 세계가 폼페이처럼 화산재에 묻혀 종말을 맞이할 수도 있다. 더구나 전 세계 1,500개의 화산이 동시다발적 또는 연쇄적으로 폭발을 일으킨다면, 그로 인해 모든 인류는 열기, 추위, 매몰, 질식 등 여러 형태의 재난을 당하게 된다. 그렇게 되면 인간의 종말은 불을 보듯 뻔하다.

백두산도 폭발 가능성이 있는 화산들 중 하나다. 10세기경 대제국 발해가 갑자기 사라진 것도 백두산 화산 폭발 때문이었다는 설이 설득력을 얻고 있다. 당시 화산폭발 규모는 세계의 화산폭발 역사상 5위 안에 들 정도로 강력했다고 한다. 그런데 최근 천지호의 수면이 화산활동으로 상승하고 있다. 중국과 일본의 지질학자들은 백두산이 2050년 이전에 대규모 폭발을 일으킬 것이라고 경고한다.

백두산 화산이 폭발하면, 20억 톤에 달하는 천지의 물이 쏟아져 한반도의 북부 일부는 물에 잠기고, 그렇지 않은 곳도 화산재가 뒤덮을 것이다. 한국도 대형 재난에서 더 이상 안전지대가 아니다.

화산 연구는 지구혈압 측정

아이슬란드의 한 휴화산에서 일단의 화산학자들이 지질조사를 하고 있다. 그런데 아무런 사전 징조 없이 산이 흔들리고, 용암이 분출하더니 일행을 집어삼킨다. 화산학자들이 징후를 미리 알 수 없을 정도로 갑작스럽게 폭발함으로써 이변이 시작된 것이다.

한편 셰퍼드 교수는 학생들에게 화산에 관해 강의를 하고 있다. 화산을 연구하는 것은 지구의 혈압을 측정하는 것과 같다. 화산폭발이 잦아지면 지구의 혈압이 높아진 것이다. 갑자기 혈압이 크게 높아지면 생명을 앗아갈 수도 있다. 지금 지구는 혈압이 급상승하는 중이다.

수업을 마치자 프리아나 차프만이라는 여학생이 셰퍼드 교수를 찾아온다. 셰퍼드 교수는 방학을 맞아 아이슬란드로 화산 조사활동을 갈 예정이다. 그런데 프리아나가 자신도 껴줄 것을 간청한다.

그렇게 시제이, 잭, 카이까지 포함하여 다섯 명이 아이슬란드로 출발한다. 아이슬란드의 화산지대에서 이들 또한 갑작스런 화산폭발을 경험한다. 그들은 간신히 목숨을 건지지만, 3,400여 명의 사상자가 생긴 엄청난 규모였다. 화산학자들은 천연가스 채굴로 지반이 약해진 것이 원인이라고 추측하지만, 셰퍼드 교수는 '엑소더스 Exodus 이론'을 떠올린다.

엑소더스 이론

〈출애굽기〉에서 60만 명 이상의 이스라엘 백성들이 노예생활을 청산하고 이집트를 탈출하는데, 이를 엑소더스라 한다. 엑소더스 이론은 셰퍼드 교수의 스승인 오스카 베리안 박사가 주창한 것으로, 세계의 모든 화산이 한꺼번에 터지게 되는 상황을 말한다. 만약 지하에 갇혀 있던 용암이 이스라엘인들이 이집트를 탈출했던 것처럼 한꺼번에 분출한다면, 인류는 멸망하게 되는 것이다.

셰퍼드 교수는 뉴욕에 있는 베리안 교수를 방문한다. 그는 여기에서 에콰도르와 아이슬란드를 비롯해 최근 잇따른 화산분출이 지구로부터의 메시지며, 이미 오래전부터 엑소더스 이론이 현실화되기 시작했음을 알게 된다.

셰퍼드 교수는 미국 지질국을 찾아간다. 그는 세계 곳곳의 화산들이 활발한 활동을 하고 있으며, 이는 지구 멸망을 초래할 만큼 중대한 사안임을 설득한다. 그러나 그의 주장은 동료학자였던 킹 케이드의 반대에 부딪힌다. 케이드는 화산이 폭발하려면 사전에 징조가 있어야 하는데, 지금 경우는 그렇지 않다며 대수롭지 않게 여긴다.

셰퍼드 교수는 지구 중심핵이 확장되어 지구에 압력을 가하고 있고, 그것이 화산분출의 원인임을 설명한다. 따라서 과거의 분출과는 달리 징조가 없으며, 전 세계에 있는 1,500개의 화산이 한꺼번에 터진다면 엄청난 재난이 닥칠 수 있다고 주장한다. 그러나 미 지질국은 케이드의 의견을 받아들여 이 문제를 대수롭지 않게 여긴다. 이에 셰퍼드 교수는 모든 생명체가 사라질 수 있다고 엄중히 경고한다.

강력한 화산 폭발로 산의 정상부가 날아가고 남은 부분은 침강해 칼데라(caldera, 화산 호수)를 형성한다. 이런 대폭발의 흔적은 세계 곳곳에 있다.

얼마 후, 일본에서는 후지산이 폭발하여 수십만 명의 사망자와 해일이 발생한다. 뒤이어 아프리카의 킬리만자로도 폭발한다. 셰퍼드는 최근에 세계 각지에서 폭발하는 화산들의 연관성과 원인을 밝혀, 다음에 폭발할 화산이 어딘지를 예측하기 위해 에콰도르로 간다.

화산의 동굴 내부로 들어간 일행은 진원지를 찾아내고, 그곳에서 채취한 표본분석을 통해 지구 내핵(중심핵)이 팽창하고 있다는 결정적인 증거를 얻게 된다. 내핵으로부터 발산된 방사선이 다량 검출된 것이다. 엑소더스 이론을 비웃던 케이드는 해킹을 통해 셰퍼드 교수의 자료를 훔치고, 엑소더스 이론이 자신의 것인 양 대통령에게 보고한다.

동시다발적 화산폭발로 인한 대혼란

세계 각지에서 화산폭발이 잇따른다. 이탈리아의 에트나, 베수비오 화산이 촉발하고, 로마 교황은 종말이 왔다고 선언한다. 미국 대통령이 참석한 비밀 대책회의 장소에 셰퍼드 교수 일행이 들이닥친다. 그는 엑소더스 이론이 자신과 케이드의 스승인 베리안 교수의 것이고, 케이드의 데이터는 불완전하다고 주장한다. 이에 미 대통령은 셰퍼드 교수에게 기회를 준다. 이 자리에서 셰퍼드 교수는 잇따르는 화산 폭발의 원인을 다음과 같이 설명한다.

인간으로 인해 과잉 생산된 독소와 방사능이 중심핵의 열을 증가시키고, 그로 인해 지구의 중심핵이 팽창한다. 그 팽창의 힘이 내부에서 밖으로 분출되는 과정에서 지구 표면을 들썩이게 만드는데, 그 여파가 너무 커서 연쇄 화산폭발로 이어진다는 것이다.

전 세계의 화산이 동시다발적으로 폭발하면 2주 이내에 대기권은 화산재로 인해 시커멓게 되고, 햇빛이 화산재를 통과하지 못해 지구에는 빙하기가 찾아온다. 인류는 화산폭발로 인한 재난에 빙하기까지 겹쳐서 멸망할 수밖에 없게 된다.

이 영화 속에서는 해저에서 여러 화산의 암석권에 구멍을 뚫어 마그마를 바다로 배출시킴으로써 사태를 해결한다. 그러나 엑소더스 이론처럼 세계의 모든 화산이 폭발할 때 과연 이런 방법이 가능할지, 또 그것이 효과가 있을지는 의문이다.

자기장 교란
〈코어Core〉

SF, 스릴러 / 2003년 4월 개봉 / 130분 / 미국, 영국 / 12세 관람가
감독 : 존 아미엘(Jon Amiel)
출연 : 아론 에크하트(Aaron Eckhart), 힐러리 스웽크(Hilary Swank) 등

사라지는 지구 자기장

현재 지구 자기장은 현저히 감소하고 있다. 과학자들은 머지않아 자기장이 완전히 사라질지 모른다고 우려한다. 지구 자기장이 사라지면 지구는 태양의 방사선 폭풍을 직접적으로 맞게 된다. 그러면 지구의 온도는 급격히 상승하고, 모든 생명체는 멸종할 것이다.

이 영화에서는 자기장이 감소하는 원인이 데스티니라는 무기로 나온다. 하지만 현실에서 과학자들이 자기장 소멸의 원인으로 꼽는 것은 자기장의 역전현상이다. 자기장 역전현상이란 남극과 북극의 위치가 뒤바뀌는 것을 뜻한다. 역전현상이 진행되면 지구 내부에서 남극과 북극을 잇는 가상의 철자석이 적도지방으로 이동한다. 적도에서 이 가상의 철자석이 수평으로 눕게 되면 자기장은 0이 된다.

2009년 10월 19일, 〈중앙일보〉에는 민간 지질학자인 강희완 씨의 충격적인 주장이 전면 광고로 실렸다. 머지않아 지구의 외핵과 맨틀이 충돌하여 걷잡을 수 없는 파국이 도래한다는 내용이었는데, 급격한 자기장 역전현상이 외핵과 맨틀의 충돌로 이어진다는 것이었다. 그가 주장하는 시나리오를 요약하면 다음과 같다(강희완 씨의 주장을 담은 논문은 2006년 3월 14일자 〈동아일보〉에 이미 소개된 바가 있다).

① 급속하게 녹아내리는 빙하는 적도지방에 엄청난 중력의 증가를 가져오고, 마침내 내핵을 완전히 바닥으로 끌어내린다.

② 이어 자기장축이 적도지방으로 이동하면서 지구 외핵과 맨틀이 엄청난 충돌을 일으킨다.

③ 지구 자기장은 순간적으로 완전히 사라져 0이 된다.

④ 적도지방으로 모여든 빙하의 물은 200m 이상의 초대형 지진 해일을 일으킨다.

⑤ 지진, 화산폭발이 연쇄적으로 일어난다.

⑥ 주간 영상 80도, 야간 영하 80도의 극심한 일교차가 발생한다.

⑦ 갑작스런 빙하기가 시작된다.

그의 이런 시나리오는 영화에서도 언급된다. 지구 핵을 건드리게 되면 그 충격으로 지구 전체의 화산이 터지게 되고, 지표면은 종잇장처럼 찢어질 것이다. 그의 시나리오가 맞다면, 조만간 인류는 차라리 죽는 것이 나을 정도로 극심한 고통을 겪어야 할 것이다. 강희완 씨는 지구 자기장이 완전히 0이 되는 시점이 2030년이라고 주장한다. 인류 멸망은 피부로 느낄 수 있을 만큼 가까이 와 있는 셈이다.

갑작스런 자기장 교란

오전 10시 30분, 대규모 투자 설명회를 앞둔 데이비드가 갑자기 탁상에 머리를 박으며 쓰러진다. 자동차들이 충돌하고, 여기저기 사람들이 쓰러진다. 32명이 원인을 모른 채 갑자기 쓰러져 죽는다.

시카고 대학에서 조쉬 케이스 박사가 강의를 하고 있다. 미국판 재난 영화의 변함없는 공식이다. 문제가 발생했을 때 언제나 주인공 교수는 강의를 하고 있다. 그리고 그 교수가 문제를 해결한다. 왜 교수여야 하는 것일까? 문제해결의 힘은 정치 및 경제적 권력이 쥐고 있는데, 해결의 방향타는 항상 교수가 잡고 있다.

정부 요원들이 케이스 박사의 강의실을 방문하고, 그들을 따라간 곳에는 32명의 시신이 있다. 이들의 사망 원인을 알아내는 것이 케이스 박사 등에게 주어진 임무다. 여기에서 케이스 박사는 사망의 원인이 전자기파라 추정한다.

거리에는 연일 사고가 잇따른다. 비둘기가 방향을 잃고 버스 안으로 날아들고, 난폭해진 새들이 사람들을 공격한다. 거리는 혼란스러워지고, 사람들은 겁에 질려 아우성을 친다. 새들에 의한 공격은 세계 곳곳에서 보고된다.

새와 자기장은 밀접한 연관이 있다. 새의 뇌에는 철분이 있어서 지구의 자기장을 느낀다. 새가 장거리 여행을 할 때는 이 자기장을 따라 길을 찾아간다. 새들이 방향을 잃었다는 것은 곧 지구의 자기장에 변화가 있음을 의미한다. 케이스 박사는 이상행동을 보인 새와 동물을 광범위하게 조사하고, 결국 지구 자기장에 중대한 문제가 생겼음을 직감한다.

그 무렵 예상되었던 대규모 사고가 터진다. 대형 우주선이 이유 없이 궤도를 이탈하는 사건이 발생한 것이다. 또한 비행기가 목적지를 벗어나 시내 도심으로 날아드는 사건도 발생한다. 두 명의 파일럿이 순간적인 기지를 발휘해 하천에 착륙함으로써 대형사고를 막았지만, 자기장의 교란은 갈수록 심상치 않다. 이 두 파일럿은 실력을 인정받아 나중에 지구 속으로 들어가는 탐사정의 운행을 맡게 된다.

지구 외핵 속으로

케이스 박사는 고위관료이자 지구물리학자인 짐스키 박사를 찾아가 지구종말 상황에 관한 보고서를 제출한다. 보고서를 받아든 짐스키 박사는 국방성에서 회의를 소집하고 케이스 박사를 초빙한다. 여기에서 1년 안에 지구상의 모든 생명체가 멸종한다는 것이 케이스 박사의 첫마디였다.

지구 주위에는 보이지 않는 에너지막이 있다. 전기와 자기로 이루어져 지구를 감싸고 있는 이 에너지막을 전자기장이라 부른다. 이 전자기장 덕분에 남극과 북극의 방향을 알 수 있고, 우주에서 오는 방사능도 막아 준다. 그러나 지금은 전자기장이 흩어지고 있다.

지표면의 두께는 48km이고, 하부의 맨틀 두께는 3,200km이다. 맨틀 안에는 코어(Core, 지구의 핵)가 있고, 외부코어가 내부코어를 둘러싸고 있다. 내부코어는 까만 쇳덩이로 추정된다. 외부코어는 9,000도가 넘는 고온의 액체이며, 두께는 1,600km에 달한다. 외부코어는 한 방향으로만 시속 수천 km로 회전한다. 이 고속회전이 전자기장을 만든다. 즉, 빠른 속도로 회전하는 외부코어는 지구 전자기장을 만들어 내는 엔진이다.

그런데 그 엔진이 멈춘 것이다. 원인은 모른다. 엔진이 멈추면서 전자기장이 점점 흩어질 것이고, 그에 따른 부작용들이 속출할 것이다. 비행기가 추락할 수 있고, 몇 달 안에 모든 전자기기는 사용할 수 없게 된다. 대기권에서는 자기장의 방전현상이 일어나고, 대기권의 자기방전은 강력한 폭풍을 일으킨다. 이는 1㎡에 수백 개의 번개가 내리치는 강도다. 게다가 전자기장이 흩어지면 태양으로부터 쏟아지는 마이크로파장의 방사선이 지구를 덮치게 되고, 지구는 통째로 불타 버리게 된다. 자기장의 구멍이 커지면 커질수록 피해 규모는 헤아릴 수 없이 증가한다. 지구 생명체의 빛이었던 태양이 살인 광선을 쏟아 내는 재앙의 원흉으로 둔갑하는 것이다.

이런 상황을 제어할 힘이 인간에게 있을까? 케이스 박사는 대안이 없다고 말한다. 인간은 고작 지표면 아래 10km 정도 밖에 들어가지 못했다. 텅 빈 우주로는 나갈 수 있지만, 지구 속은 ㎡당 수백만 kg의 압력이 있다. 인간은 결코 지구 외핵까지 도달할 수 없다.

따라서 지구 자기장 소멸 같은 거대한 재앙은 인간으로서 도저히 어찌할 수 없는 것이다.

영화에서는 '만일 우리가 코어까지 갈 수 있다면?'이라는 가정을 내세운다. 실제로는 갈 수 없지만, 영화이기 때문에 갈 수 있다. 여기서부터 영화는 〈딥임팩트〉, 〈아마겟돈〉 등의 영화에서 그랬듯, 할리우드 특유의 특공대 판타지로 접어든다. 즉, 지구가 위기에 처할 때마다 몇 명의 특공대가 파견되어 지구를 살리는 공식이다.

지구 물리학자인 짐스키 박사를 비롯해 시스템 전문가, 엄청난 열과 압력에 견딜 탐사정을 만든 브레이즐톤 박사 등 여섯 명이 한 팀이 되어, 멈춰 버린 외부코어(외핵)를 복구하기 위해 지구 속으로 들어가는 작전을 펼친다. 이들은 핵폭탄을 터뜨려서 지구 외핵을 다시 가동시켜야 한다. 짐스키 박사 등은 바다 밑 지층을 뚫으며 내려간다. 용암을 통과하고 다이아몬드 암석층을 통과하기도 하면서 동료들이 하나씩 희생을 당하지만, 이들은 지구 내부로 점점 깊이 들어간다.

데스티니와 비밀무기 하프

그러나 핵폭탄 투하로는 외핵을 다시 회전시킬 수 없다고 판단한 짐스키 박사는 지상의 관제소에 연락하여 데스티니를 발동시키려 한다. 애초 짐스키가 탑승한 것은 만일의 사태에 데스티니를 발동하기 위한 것이었다. 데스티니Deep Earth Seismic Trigger Initiative는 지구의 깊은 내부에 지진을 유도하는 장치다. 원하는 곳에 거대한 지진을 일으켜, 증거를 남기지 않고 목표물을 완벽하게 파괴할 수 있는 전자기 에너지파 무기다. 짐스키 박사는 "누군가가 먼저 만들었고 내가 더 발전시켰다. 우리가 만들지 않았으면 적이 먼저 만들었을 것"이라고 말한다. 그리고 지구를 망가뜨린 장치라는 의미심장한 언급도 남긴다.

여기서 데스티니는 하프Haarp, High-Frequency Active Auroral Research Program를 연상시킨다. 하프는 미국의 배후에서 세계를 지배하고 있다는 비밀정부의 무기다. 이 하프는 영화에서와 마찬가지로 미국 알래스카에 있는데, 전자기파를 통해 자연재앙을 인위적으로 불러올 수 있는 기후 무기다.

하프는 에디슨과 동시대의 인물이면서 에디슨을 능가하는 발명가, 니콜라 테슬라(Nikola Tesla, 1856~1943년, 발명가·물리학자)가 처음 고안했다. 테슬라는 현대 첨단 과학자들이 넘보지 못할 정도로 앞선 발명품을 많이 선보였다. 하지만 그의 발명품들은 세간에 알려지지 않고 모조리 비밀정부가 가로챘다는 뒷이야기가 있다. 짐스키가 말한 '누군가'란 테슬라를 가리킨다.

또한 '적이 만들었을 것'이라는 언급에서 적이란 구소련을 가리킨다. 미국과 소련은 기후를 무기로 삼기 위해 지구 전리층에 수십 년간 갖가지 괴상한 실험을 실시했다. 수차례의 핵탄두 발사, 하프와 같은 첨단무기의 실험 등이 그것이다. 하프의 위력은 상상을 초월하며, 그 때문에 궁극의 무기라고 칭해질 정도다.

하프의 위력을 몇 가지 예로 들면 다음과 같다.

- 지구 대기권의 전리층을 변형시키거나, 하늘을 태워 오존층을 없앨 수 있다.
- 제트기류를 조절하여 폭풍, 비, 가뭄, 홍수를 일으킬 수 있다.
- 지구상 어디든 원자탄 이상의 위력을 지닌 전기를 보내 쑥대밭

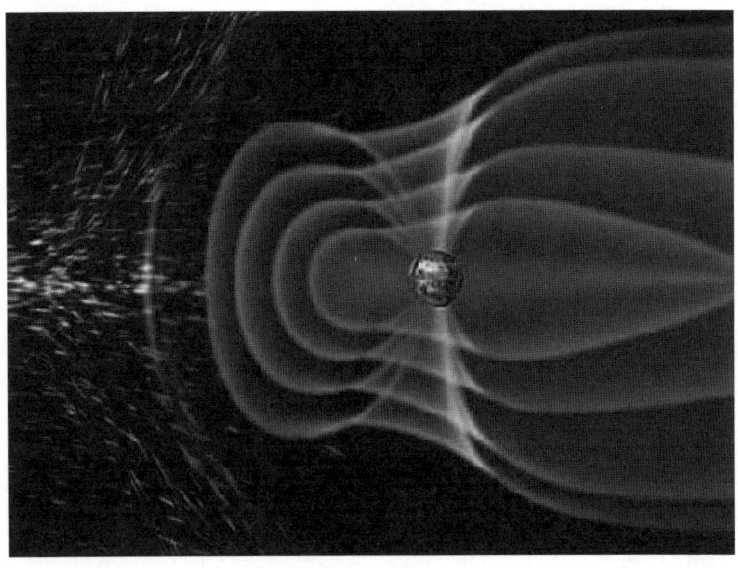

지상에 생명이 살 수 있는 것은 지구를 감싸고 있는 보이지 않는 힘, 지구 자기장 때문이다. 자기장은 우주 밖에서 날아오는 고에너지 입자로부터 지구 생명체를 보호해 준다.

을 만들 수 있다. 또한 작은 지역에 집중적으로 번개와 벼락이 치게 할 수 있다.

- 전리층이나 자기층에 변화를 일으켜 지진을 유발할 수 있다.

이처럼 가공할 위력의 전자기파를 실험을 위해 전리층에 수없이 쏘아 올린 결과 오존층이 사라지고 지구 자기장이 교란을 일으키며, 심지어 자기장이 사라지는 일까지 발생하고 있다고 주장하는 이들도 있다. 지구를 망가뜨린 장치라는 말은 이를 뜻하는 것이다.

실제 사건들

2009년 아이티에 갑작스런 지진이 발생했을 때, 세계의 지각 있는 사람들은 이것이 하프를 사용한 인위적인 지진이라고 주장한 바 있다. 공식적인 기자회견에서 베네수엘라의 대통령까지 아이티의 지진이 하프에 의한 인위적 재해임을 주장했다. 반미 성향의 아이티 정부를 손보기 위해서였다는 것이다.

심지어 40만 명 이상의 목숨을 앗아간 2004년 12월의 동남아 지진 해일, 미얀마에서 10만 명 이상의 사망자를 낸 사이클론 나르기스, 4,600여만 명의 희생자를 낸 중국 쓰촨성 지진 등 지구 곳곳에서 발생한 대형 참사의 배후에는 하프가 있다고 믿는 사람들이 있다.

영화의 초반부에서 외부코어가 멈춘 이유를 묻는 질문에 케이스 박사는 모른다고 답한다. 그리고 중간에, 데스티니가 이 사태의 원인이 아닌지 의심스럽다는 대화내용이 잠깐 나온다. 그러나 영화 후반으로 접어들면서, 그 원인이 바로 데스티니에 있다는 것이 거의 확실시된다. 케이스 박사는 그것을 한 번 더 사용하게 되면 코어는 재생불능이 되고 지구상의 모든 화산이 폭발하며, 지구는 지진으로 산산조각날 것이라고 말한다. 무분별한 데스티니의 사용으로 지구중심의 코어가 작동을 멈추었다는 것이다.

인류는 스스로 개발한 가공할 무기로 인해 종말을 맞이할 수도 있다는 경고다. 이 부분이 이 영화가 가진 매력 중의 하나다.

영화는 미국의 기밀인 하프를 직접적으로 밝히고 있다. 궁극의 무기 하프는 지구 자기장을 교란시켜 종말을 불러올 수도 있음을 경고하는 것이다. 영화는 데스티니를 사용하지 않고 핵폭탄을 터뜨리는 것으로 외부코어를 재생시킨다. 그 과정에서 데스티니를 개발한 짐스키 박사가 희생당한다. 하프의 개발자로서 치러야 할 대가를 암시하는 것으로 보인다. 영화 속에서는 여섯 명 중 두 명만이 살아 돌아온다. 그들의 임무는 완수되었고 지구 자기장은 복구된다.

네 번째 종말 시나리오

소행성 충돌
〈딥임팩트 Deep Impact〉

SF, 드라마 / 1998년 5월 개봉 / 125분 / 미국 / 12세 관람가
감독 : 미미 레더(Mimi Leder)
출연 : 로버트 듀발(Robert Duvall), 테이어 레오니(Tea Leoni),
　　　모건 프리먼(Morgan Freeman) 등

〈아마겟돈 Armageddon〉

SF, 드라마 / 1998년 7월 개봉 / 145분 / 미국 / 15세 관람가
감독 : 마이클 베이(Michael Bay)
출연 : 브루스 윌리스(Bruce Willis), 리브 타일러(Liv Tyler),
　　　벤 애플렉(Ben Affleck) 등

실제 상황, 소행성 아포피스

최근에 소행성이 지구에 충돌했다는 보고가 심심치 않게 들리고 있다. 다행히 크기가 작아 대수롭지 않게 여겨지고 있지만, 제대로 크기를 갖춘 소행성이 충돌한다면 인류도 공룡과 같은 운명을 겪게 될 것이다. 지구와 충돌할 가능성이 가장 높은 소행성은 '아포피스Apophis'이며, 충돌할 확률은 갈수록 높아지고 있다.

아포피스는 원래 이집트 신화에 나오는 태양을 집어삼키는 어둠의 뱀, 어둠의 마왕을 말한다. 아포피스는 7년 주기로 지구 주변을 선회하고 있으며, 충돌할 확률이 높은 연도는 2015년, 2022년, 2029년, 2036년, 2043년이다.

브라질의 유명한 예언가 쥬세리노는 2043년에 인류가 멸망한다는 예언을 한 바 있다. 그가 지목한 멸망의 이유는 바로 아포피스 소행성과 지구의 충돌이다. 그는 인류의 80%가 죽을 것이라 예언했다.

영국의 유명한 과학자인 아이작 뉴턴(Isaac Newton, 1642~1727년)은 2060년에 지구가 멸망한다는 예언을 했다. 뉴턴은 만유인력의 법칙을 발견하여 과학혁명을 주도한 천재 과학자이며 수학자였다. 아인슈타인이 등장하기 전까지는 뉴턴의 이론이 우주론을 지배했다. 그런데 그가 신학자였다는 사실은 많이 알려져 있지 않다. 그는 성서를 연구하기 위해 히브리어, 헬라어 등을 두루 섭렵했으며, 평생에 걸쳐 4,500쪽에 달하는 성서연구 노트를 작성하기도 했다. 그는 특히 성서에 예언된 인류종말의 시기를 깊이 연구했는데, 〈다니엘서〉(구약에 속하는 예언서)의 해석을 통해 그가 찾아낸 종말연도가 바로 2060년이었다.

아포피스가 2043년까지 지구와 충돌하지 않는다면, 그 다음 충돌 가능 연도는 2050년, 2057년이다. 그렇다면 뉴턴이 예언한 2060년 지구멸망 또한 아포피스에 의한 것이지는 않을까?

지구를 향해 오는 혜성

버지니아 주에서 고등학교 천문학 클럽 학생들이 망원경으로 별자리를 관찰하고 있다. 이들 중 베이더만은 생소한 별 하나를 발견하고, 이것을 찍어 애리조나 주의 울프 박사에게 보낸다. 울프 박사는 그 별의 궤도를 계산한 후 깜짝 놀란다. 그 별이 지구를 향해 날아오고 있었던 것이다. 때마침 서버가 다운되어 이메일을 사용할 수 없게 되자, 울프 박사는 자료를 디스켓에 담아 직접 전달하러 나선다. 그러나 중간에 교통사고로 목숨을 잃게 되고, 그의 디스켓에는 '울프-베이더만'이라는 이름이 적혀 있었다.

그로부터 1년 후, 외무부 장관의 사임을 취재하던 제니 러너 기자는 '엘리'라는 존재를 듣게 된다. 엘리는 Extinction Level Event의

약자로, 인류종말 수준의 대사건을 지칭한다. 그러나 러너는 엘리가 외무장관의 애인이며, 섹스 스캔들이 터지기 전에 사임한 것으로 오해한다. 그러다 비공식적인 대통령과의 만남과 조사를 통해 엘리의 실체를 알게 된다.

이틀 후, 미국 대통령은 TV를 통해 혜성 울프-베이더만의 존재에 대해 담화를 발표하며, 1년 전 발견 당시보다 충돌 가능성이 더 높아졌다고 말한다. 울프-베이더만의 무게는 5,000억 톤이고, 그 크기는 뉴욕시와 맞먹는다. 이런 크기의 혜성이 지구를 강타한다면 바퀴벌레 한 마리조차 살아남지 못하게 된다. 예상 충돌시기는 약 1년 후이며, 미국과 러시아는 이 불청객을 처리하기 위해 우주선 '메시아'를 보내기로 한다. 우주선을 타고 혜성에 상륙한 후, 구멍을 뚫어 핵폭탄을 터뜨린다는 계획이다. 이를 위해 메시아에는 핵폭탄 여덟 개가 장착된다.

5개월 후, 메시아에 몸을 실은 대원들은 드디어 울프-베이더만에 안전하게 착륙한다. 대원들은 곧바로 굴착작업을 시작하게 되는데, 작업은 해가 뜨기 전에 마쳐야 한다. 해가 뜨면 기온이 350도로 올라가고, 가스가 미친 듯이 분출되어 대원들의 생명이 위험해지기 때문이다. 대원들은 고군분투하지만 사고가 발생하여 시간이 지연된다. 사고로 인해 원래 계획보다 적은 수의 핵탄두가 설치되고, 결국 울프-베이더만 혜성은 두 동강이 나는 것에 그친다. 두 동강 난 혜성들은 여전히 지구를 향해 돌진하고, 작전은 실패인 것이다. 그리고 혜성에 설치한 핵폭탄의 폭발 여파로 메시아 호는 지상과의 통신이 끊어진다.

미국 대통령은 긴급 담화를 발표한다. 2차 작전이자 마지막 작전은 미사일을 퍼부어 혜성을 궤도에서 이탈시키는 것이다. 이것이 성공하면 혜성은 지구 대기권을 빗겨 가지만, 이를 명중시키기 위해서는 지구 접근 몇 시간 전까지 기다려야 한다.

태양계에는 약 2,000개의 소행성이 있다. 이들 소행성이 지구와 충돌하면 수소폭탄 몇 배의 위력을 갖는 폭발이 일어난다

거대한 요새

미국 정부는 만일의 경우를 대비하여, 신세계를 건설할 사람들을 선별하여 미주리 주의 지하 요새로 대피시킨다. 이곳은 100만 명이 2년간 생존할 수 있으며, 각종 식물과 씨앗, 그리고 동물들까지 수용한다는 계획이다. 과학자와 의사 등 전문가 20만 명이 이미 선발되어 이곳에 들어가 있으며, 무작위 컴퓨터 추첨을 통해 일반인 80만 명을 추가로 선발하게 된다. 전문성이 없는 50세 이상의 일반인은 추첨에서 제외된다.

세상은 추첨된 사람과 그렇지 못한 사람들로 나뉜다. 곳곳에서 폭력이 난무하고, 약탈과 방화가 잇따른다. 어떤 이는 담담히 죽음을 기다리며, 자신의 물건을 요새에 들어갈 사람들에게 기증하기도 한다. 자살로 생을 마감하는 사람도 있다.

혜성이 지구 밖 14시간 거리에 도달하자 미사일이 발사된다. 그러나 이 작전도 실패로 끝난다. 혜성은 여전히 지구를 향해 돌진한다.

지구 충돌 10시간 30분 전, 지구로 귀환하던 메시아 호에서 회의가 열린다. 두 동강 난 혜성 중 큰 것에 가스분출로 인한 구멍이 생겼고, 그 구멍에 핵탄두를 넣어 터뜨린다면 혜성을 산산조각 낼 수 있다. 작은 것은 어쩔 수 없지만, 큰 것만 막아 낸다면 종말은 피할 수 있을 것이다. 그들은 목숨을 걸고 감행하기로 결정한다.

지구에서는 최대한 높은 곳으로 대피하려는 행렬이 끝도 없이 이어진다. 도로는 차들이 뒤엉켜 아수라장이다. 이런 상황이 실제로 발생하여 생사가 판가름 나는 시간이 1년에서 5개월, 3개월, 1개월, 그리고 드디어 10시간 앞으로 가까워진다면 과연 어떤 심정일까?

메시아 호의 살신성인

드디어 울프-비더만 혜성의 작은 덩어리가 대기권을 뚫고 대서양 연안에 떨어진다. 그 여파로 해일이 발생하여 음속보다 빠른 속도로 육지를 덮친다. 40분 후에는 워싱턴을 거쳐 뉴욕, 보스턴, 애틀랜타, 필라델피아까지 완전히 삼켜 버린다.

만약 울프-비더만 혜성의 큰 덩어리가 지구에 떨어지면 모든 생명체가 종말을 고하게 될 것이다. 충돌의 충격으로 인한 흙먼지가 온 하늘을 뒤덮는 데는 7일도 걸리지 않을 것이다. 또한 그로 인해 햇빛이 차단되어 지구에는 2년간 암흑만이 존재할 것이다. 식물은 4주 만에 전멸하고, 인간을 포함한 모든 동물은 수개월 이내에 전부 죽게 될 것이다.

메시아 호는 혜성의 구멍을 향해 돌진한다. 대원들은 화상통화로 지상에 있는 가족들과 마지막 작별인사를 한다. 그리고 혜성의 구멍 속으로 들어가 자폭한다. 이것으로 울프-비더만 혜성의 큰 덩어리는 수백만 개 파편으로 산산조각 나고, 인류는 종말을 모면한다. 그러나 혜성 충돌이 현실 상황이라면 이런 기적은 바랄 수 없을 것이다.

행성에 구멍을 뚫다

〈딥임팩트〉가 개봉된 같은 해, 동일한 소재로 〈아마겟돈〉이 개봉되었다. 〈딥임팩트〉에서의 굴착작업 실패를 설욕하듯, 〈아마겟돈〉에서는 우주선에 승선하는 대원들이 석유시추 회사의 굴착 전문가들이다. 이들은 행성에 성공적으로 구멍을 뚫고 핵탄두를 터뜨린다. 두 영화 모두, 우주로 날아가 지구로 돌진하는 행성에 핵탄두를 터뜨리는 것 외에는 다른 방법이 없음을 시사하고 있다. 그러나 지금의 과학 수준으로 이것이 과연 가능할까? 이는 영화이기에 가능한 시나리오다.

〈아마겟돈〉은 다음과 같은 장면으로 시작한다. 공룡의 천국이었던 시절, 지구는 푸르고 비옥했다. 그런데 우주에서 날아온 불과 9.6km 크기의 운석이 모든 것을 바꿔 버렸다. 그 충격파는 1만 개의 핵폭탄에 맞먹는 것으로, 1조 톤의 먼지와 돌을 대기로 날려 보냈다. 그리고 햇빛이 통과할 수 없는 두터운 막을 만들어 버렸다. 그 막은 무려 1,000년간 햇빛을 가로막았다. 이는 역사적 사실이며, 다시 일어날 수 있다. 다만 그것이 언제일지 모를 뿐이다.

그로부터 6,500만 년이 지난 지금, '도티'라는 텍사스 주 만한 크기의 혜성이 지구를 향해 돌진해 온다. 혜성의 작은 파편들이 쏟아지는 지구는 벌써부터 아비규환이다. 도티가 지구에 충돌하면 인류는 종말을 맞을 것이다. 도티가 지구 어디에 떨어지든, 박테리아조차도 살아남지 못한다. 지구와의 충돌까지 남은 시간은 18일!

미 정부가 선택한 방법은 세계 최고의 석유시추 전문가 팀을 훈련시켜 우주로 보내는 것이다. 도티 혜성에 착륙해 깊이 구멍을 뚫은 후, 핵탄두를 터뜨리는 것이다. 이들의 임무는 성공하고, 인류는 종말을 모면한다.

태양 플레어
〈노잉Knowing〉

미스터리, SF, 액션 / 2009년 4월 개봉 / 121분 / 12세 관람가

감독 : 알렉스 프로야스(Alex Proyas)

출연 : 니콜라스 케이지(Nicolas Cage), 챈들러 캔터버리(Chandler Canterbury),
로즈 번(Rose Byrne) 등

11년 주기로 찾아오는 태양 플레어

태양 플레어는 영화 속에만 나오는 허구가 아닌, 실재하는 것이다. 태양계에서 두 번째로 큰 행성인 목성은 11년 주기로 태양을 공전한다. 목성이 태양에 가까워지면 태양의 흑점이 폭발하는데, 이것을 태양 플레어solar flare라고 한다.

태양 플레어의 위력은 수소폭탄 수억 개가 동시에 터지는 것과 맞먹는다. 그것이 지구를 덮친다면 지구 자기장은 산산이 파괴될 것이다. 과학자들은 2011~2013년경에 초대형 태양 플레어가 있을 것으로 예측한다. 목성이 태양 궤도를 벗어나지 않는 한, 11년마다 찾아오는 거대한 태양 플레어는 언제라도 지구를 덮칠 수 있다. 이러한 태양 플레어를 소재로 독특한 방식으로 종말을 풀어간 영화가 〈노잉〉이다.

〈노잉〉은 헐리웃의 다른 재난 영화들과는 확연히 다르게 전개된다. 앞에서 살펴본 〈세계침몰〉, 〈코어〉, 〈딥임팩트〉, 〈아마겟돈〉 등에서 보듯이, 인간은 자연을 잠재우기 위해 핵무기로 화산을 폭파시키기도 하고, 지구 내핵으로 들어가 핵을 터뜨리기도 한다. 하나같이 과학에 대한 과신과 오만이 짙게 배어 있다. 그러나 〈노잉〉은 자연 앞에 겸손하다. 인간이 무슨 방법을 쓰든, 숫자에 예고된 대로 어김없이 진행된다. 인간으로서는 도저히 막을 방법이 없으며, 예고된 대로 모든 인류가 남김없이 죽는다. 재앙을 피할 수 있는 여지는 전혀 주지 않고, 인간문명 자체를 완전히 파괴시킨다.

숫자는 곧 우주다. 피타고라스와 같은 고대 수학자들이 그랬듯, 현대 과학자들도 우주는 숫자며, 숫자에 담긴 정보가 우주를 운행시키는 근본임을 알고 있다. 〈노잉〉은 숫자로 쓰인 우주는 이미 예정된 프로그램처럼 바꿀 수 없는 파멸의 길로 가고 있으며, 파멸의 길 앞에서 정부나 개인이 할 수 있는 것은 아무것도 없음을 전하고 있다.

이 영화에서 쓰인 충격적인 소재 중 하나는 에스겔의 태양 그림이다. 태양은 고대로부터 신의 상징이었고, 인간은 태양을 바라보며 유일신 종교를 탄생시켰다. 그런데 그런 태양이 이 영화에서는 멸망의 직접적 원인으로 등장한다. 인간이 믿는 신에 대해 근본적으로 다른 시각을 취하고 있는 것이다. 창조와 사랑의 신에서 결국은 파괴의 신으로 마무리하는 모습은 인도의 파괴의 신 비슈누(Visnu, 브라흐마, 시바와 함께 힌두교의 세 신 중 하나)를 연상시킨다. 브라흐마Brahma는 창조하고, 시바Siva는 유지시키지만, 비슈누는 파괴한다.

이 영화에는 구원을 위한 독특한 개념으로 '소리'가 등장한다. 인류를 살릴 수 있는 길은 종교가 아니다. 이 영화 속에서 종교가 받드는 신은 도리어 인간을 불태워 죽인다. 종말 상황에서 인류를 살리는 복음은 '소리'다. 아이는 들을 수 있지만 어른은 듣지 못하는 그 소리가 멸망으로부터 구원해 주는 유일한 희망이다. 그런데 소리는 말로 전달되는 지상의 소리가 아니라 외계에서 오는 소리다.

영화 〈매트릭스〉에서 소리는 전화기로 전달된다. 가상세계인 매트릭스에서 현실세계로 이동시키기 위해 전화벨이 울린다. 수화기를 들고 그 소리를 들으면 매트릭스에서 탈출하게 된다. 〈노잉〉에서도 소리를 들을 수 있는 두 아이만 죽음에서 벗어난다. 지금도 외계에서 지구로 소리가 전달되고 있다.

타임캡슐 속에 묻힌 숫자

영화는 초반에 이상한 소리와 숫자들을 나열한다. 소리와 숫자에 담긴 코드를 풀어 가는 것이 이 영화의 주된 줄거리다.

1959년 메사추세츠 주의 한 초등학교. 운동장에서 놀던 루신다가 멀리 서 있는 한 남자가 텔레파시로 전달하는 것을 듣고 있다. 그 다음날, 학교 개교기념일 행사로 타임캡슐을 파묻고, 50년 후에 이것을 개봉하기로 한다. 타임캡슐에는 학생들이 상상하여 그린 미래의 모습을 넣기로 하는데, 루신다는 숫자만 가득 적는다. 이것을 쓸데없는 짓으로 여긴 선생님이 루신다의 종이를 낚아채고, 그렇게 미완성된 채 타임캡슐 속으로 들어간다.

그날 밤 루신다가 사라지고, 체육관의 옷장에 숨어 있는 것이 발견된다. 그녀의 손끝은 온통 피범벅이다. 손가락에 피를 내어 낮에 미처 쓰지 못했던 숫자를 옷장 벽에 써놓고 있었다. 그리고 무언가 환상을 본 듯 이렇게 말한다. "막아 주세요! 제발 막아 주세요!"

그로부터 50년 후, 메사추세츠 공과대학MIT. 주인공인 존 코스틀러 교수가 우주의 결정론과 무작위성에 대해 강의하고 있다. 우주의 미래는 이미 결정되어 있을까, 아니면 우연적으로 발생하는 것일까? 결정론에서는 미래가 법칙에 의해 이미 결정되어 있다고 말한다. 그러므로 모든 일에 의미가 있고 목적이 있다. 그러나 우주 무작위성 이론에서의 주장은 다르다. 즉, 모든 사건은 우연의 일치며 우리는 화학적 작용과 생물학적 작용, 물리적 작용, 의식적 작용 등이 복잡하게 만들어낸 산물일 뿐이라는 것이다. 따라서 무작위성 이론에서는 미래는 알 수 없으며, 어떤 의미나 목적도 있을 수 없다고 주장한다. 미래란 그저 무작위로 일어나는 사건들의 목록에 지나지 않는다는 것이다.

50년 동안의 대형사고를 예언한 숫자들

2009년, 50년 전에 타임캡슐을 묻었던 초등학교에서 드디어 그것을 개봉한다. 공교롭게도 루신다가 숫자를 적었던 그 종이가 존 코스틀러 교수의 아들인 캘럽에게 전달된다. 그림은 없고, 숫자만 가득 적혀 있다. 그 종이를 받아든 순간, 캘럽은 이상한 소리를 듣게 된다. 보청기를 켜야만 들리는 캘럽에게, 그것은 보청기 없이도 들리는 소리였다. 바로 50년 전 루신다가 들었던 것과 같은 소리였다. 그리고 저만치서 한 남자가 캘럽을 지켜보고 있다. 캘럽이 듣는 소리는 이 남자가 텔레파시로 전하는 메시지였다. 캘럽은 그 종이를 집으로 가져간다.

그날 밤, 캘럽이 가져온 종이에 적힌 숫자 중 '911012996'이 우연히 코스틀러 교수의 눈에 들어온다. 앞의 91101은 2001년 11월 9일을 말하는데, 이것은 911테러가 발생한 날이었다. 그렇다면 2996은 과연 무엇일까? 인터넷을 검색하던 코스틀러 교수는 911사건 때 발생한 사망자가 2,996명임을 확인하고는 소스라치게 놀란다. 사건이 발행한 날짜와 사망자 수가 정확히 일치했던 것이다. 종이의 맨 아래에 기록된 숫자들은 아직 일어나지 않은 사건들이었다. 아직 세 개의 큰 사건이 기다리고 있는 것이다. 그중 하나는 바로 다음 날 일어난다. 종이에 적힌 숫자대로라면 이 사고로 81명이 죽는다.

50년 전에 미래는 이미 결정되었던 것일까? 세상은 결정론에 의해 움직이는 것일까? 미래를 예언한다는 것은 미래가 이미 결정되어 있기 때문에 가능한 것이 아닐까? 발 앞에 공이 놓여 있다면, 내가 어느 방향으로 공을 차든 그것은 이미 정해져 있는 것일까?

〈매트릭스〉에서는 '오라클'이라는 흥미로운 여자가 등장한다. 그녀는 미래를 알고 있다. 그녀가 이 세상을 프로그램한 설계자, 즉 창조자이기 때문이다. 그러나 네오를 만나면서, 자신도 알지 못하는 미래로 뛰어든다. 오라클이 주는 메시지는 이렇다.

"미래는 결정되어 있다. 그러나 지금 당신이 믿는 대로 선택할 수 있다. 그 선택이 이미 결정된 미래를 바꿀 수도 있다."

이것을 달리 해석하면, 세상은 신의 영역에서는 결정된 미래지만 인간의 영역에서는 선택이 좌우하는 불확실한 세계다. 그러므로 설사 우리의 미래가 종말로 결정되어 있더라도, 여전히 우리에게는 선택할 수 있는 기회가 있는 것이다. 그러나 〈노잉〉에서 미래는 선택의 여지가 없다. 예언된 대로 어김없이 진행된다. 인간의 힘으로 막아 보려 해도 소용없다.

코스틀러 교수는 테일러 선생을 찾아간다. 그는 타임캡슐을 묻을 당시 루신다가 적고 있던 종이를 낚아챘던 담임선생님이다. 테일러 선생은 숫자가 적힌 종이가 루신다의 것이 맞다고 확인해 준다. 코스틀러 교수는 루신다를 만나고 싶어 하지만, 애석하게도 루신다는 이미 고인이 되었다.

외계인들의 방문

코스틀러의 아들 캘럽에게 전에 나타났던 정체불명의 사람들이 방문해 검은 돌을 주고 간다. 이상한 소리는 그들이 나타날 때마다 캘럽에게 들리며, 이는 그들이 보내는 메시지였다. 루신다도 그들의 소리를 듣고 숫자를 받아 적었던 것이다. 이 낯선 방문자들은 일반인들이 알지 못하는 뭔가를 미리 알고 있는 존재들이다. 50년 전에 그들은 지구의 미래를 알고 있었다. 루신다의 편지가 캘럽에게 전해질 것도, 거기에 적힌 숫자를 코스틀러 교수가 해독할 것도 이미 알고 있었던 것이다. 이들은 분명 다른 세계에 속한 존재들이며, 외계에서 온 방문자들임이 분명하다.

다음날, 코스틀러 교수는 비행기 불시착 현장에 우연히 있게 되고, 거기서 그는 불에 타 죽어 가는 사람들을 목격한다. 이 사고로 81명이 죽는다(이것은 영화 속에서 장차 인류가 태양에 불살라질 것임을 예고하는 것이다). 예언이 실현되는 현장에 있던 코스틀러 교수는 이것이 결코 우연이 아님을 확신한다. 그리고 아직 풀지 못했던 숫자들의 비밀을 알게 되는데, 그것은 바로 사고 지점의 위도와 경도를 나타내는 것이었다.

캘럽에게 또다시 외계의 방문자가 찾아와, 손가락으로 미래로 열린 창을 보라고 가리킨다. 여기서 캘럽은 불로 멸망하는 지구의 미래를 보게 된다.

코스틀러 교수는 캘럽을 데리고 루신다의 딸 다이아나를 만난다. 여기서 캘럽과 다이아나의 딸 애비가 대화를 나누는데, 흥미로운 말들이 오간다. 늑대는 귀머거리로 태어나는데, 성장하면서 나중에는 100마일 밖의 소리도 들을 수 있게 된다는 것이다. 캘럽에게 이 말은 의미심장하다. 캘럽은 갓 태어난 늑대처럼 소리에 둔감하지만, 외계의 방문자가 입도 열지 않고 들려주는 소리를 듣는다. 캘럽에게 100마일 밖의 소리란 바로 외계의 소리다.

코스틀러 교수는 다이아나에게 그녀의 어머니에 대해 그녀가 몰랐던 사실을 알려 준다. 루신다가 남긴 숫자를 보여 주면서 그녀의 예언에 대해 말하지만, 다이아나는 믿지 않는다. 코스틀러는 숫자의 예언을 말해 준다. 다음날 뉴욕에서 170명이 죽을 것이며, 또 사흘 뒤인 10월 19일에는 33명이 더 죽는다고 말한다. 그러나 다이아나는 이 말을 믿지 않은 채 자리를 뜬다.

다음날, 뉴욕에서 지하철이 전복되어 예언대로 170명이 죽자, 그제서야 다이아나가 마음의 문을 열고 코스틀러에게 다음과 같이 말한다.

"어머니는 10월 19일을 입버릇처럼 말했었죠. 그날 제가 죽을 거라고 하셨어요."

태양 플레어로 인한 인류 종말의 날

코스틀러 교수는 다이아이나와 함께 루신다가 살던 집을 방문하고, 그곳에서 〈에스겔서〉(구약 3대 예언서 중 하나)에 나오는 네 바퀴가 그려진 그림을 발견한다. 그것은 여호와가 에스겔에게 나타나는 장면인데, 루신다는 그 그림을 유심히 보곤 했다고 한다. 그 그림 속에서 여호와는 둥근 태양 속에 앉아 있고, 에스겔은 그것을 올려다보고 있다. 그의 앞에는 네 바퀴와 네 짐승이 빛을 발하며 이글이글 타고 있다. 루신다는 왜 이 그림을 자주 봤던 것일까?

다이아나는 루신다의 종이 마지막에 적힌 것이 숫자 33이 아니라 알파벳 EE를 거꾸로 쓴 것임을 알아차린다. 그들은 마룻바닥에서 중요한 사실을 접한다. EE는 EVERYONE ELSE 즉 '예외 없이 모두'를 가리키는 말이었다. 33명의 죽음이 아니었다. 10월 19일은 다이아나만 죽는 날이 아니고, 지구 인류 전체가 죽는 인류 종말의 날이었던 것이다.

그 시각, 밖에서 기다리던 캘럽과 애비에게 방문자들이 다시 접

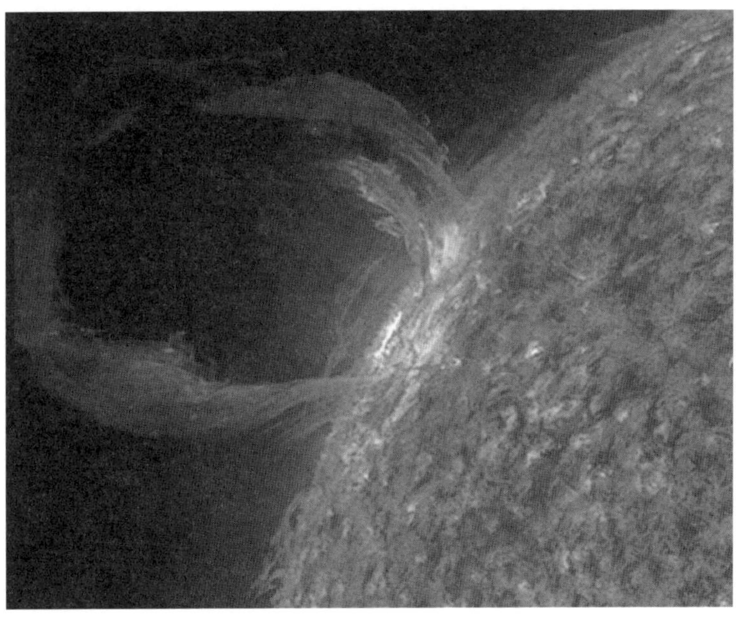

태양 플레어는 11년을 주기로 반복되는데, 2013년이 태양 활동이 가장 활성화되는 시기다. 동시에 22년마다 태양의 전자기적 에너지가 최고에 달하는 주기와도 맞물리면서, 과학자들은 전례 없이 강한 우주 폭풍이 발생할 것으로 내다보고 있다.

근한다. 그리고 원할 경우 자신들과 함께 데려가 준다는 메시지를 전한다. 영화에서는 이 낯선 방문자들을 어둡고 무서운 존재처럼 묘사하지만, 사실 그들은 빛의 존재들이다. 이들은 아이들과는 가깝지만 어른들과는 멀다. 그리고 그들의 메시지를 감지할 수 있는 인간은 지구상에 단 둘뿐, 바로 캘럽과 루신다의 손녀 애비였다.

한편, 코스틀러는 루신다가 그 그림을 자주 봤던 이유를 깨닫게 된다. 바로 태양 때문이었다. 코스틀러는 인류 멸망의 원인이 태양의 슈퍼플레어임을 깨닫는다. 태양의 슈퍼플레어는 태양에서 몰아치는 초대형 폭풍이다. 슈퍼플레어가 닥치면 100마이크로테슬라에 달하는 방사선이 지구 오존층을 완전히 파괴한다. 그 방사선은 지표 속 1.6km까지 뚫고 들어간다. 따라서 지하로 피신한다 해도 살아남지 못한다. 다시 말해, 지구의 모든 생명체가 죽게 된다.

그렇다면 루신다가 체육관 옷장에 남긴 숫자는 무엇일까? 코스틀러는 그것이 살아남을 수 있는 단서임을 직감한다. 그 숫자는 구원자로 나타난 외계인과의 접촉지점을 알려 주는 좌표였다. 그곳에 생존자를 데려갈 UFO가 기다리고 있다.

선택받은 두 명의 아이

캘럽은 아빠의 손을 잡고 함께 가려 하지만 외계인들은 고개를 젓는다. 자신들과 대화할 수 있는 아이들만 갈 수 있기 때문이다.

그들과 아이들은 말없이 대화할 수 있지만, 코스틀러는 아무 소리도 들을 수 없다. 지상의 수많은 인구 중에 애비와 캘럽만이 그들과 대화를 할 수 있는 것이다. 그래서 이 두 명의 아이들만 선택을 받고, 나머지 인류는 모두 죽는다. 두 아이는 새로운 별에서 새로운 인류를 시작하게 될 것이다. 외계인들은 두 아이를 태우고 하늘로 사라진다.

이윽고, 10월 19일 아침이 밝는다. 45억 년간 지구를 지켜 주며 지구에 생명체가 살아갈 수 있도록 생명의 빛을 주었던 태양이, 이제 살인광선으로 돌변하여 지구를 태우려 한다. 마지막을 함께하기 위해서 코스틀러 일가는 한자리에 모인다. 그리고 마침내 태양이 강력한 슈퍼플레어를 방사한다. 그 방사능 폭풍 앞에 지구의 모든 것이 완전히 파괴되고, 60억 전 인류는 재만 남는다.

여섯 번째 종말 시나리오

총체적 재앙
〈2012〉

액션, 모험, SF / 2009년 11월 개봉 / 157분 / 12세 관람가

감독 : 롤랜드 에머리히(Roland Emmerich)

출연 : 존 쿠삭(John Cusack), 아만다 피트(Amanda Peet),

치웨텔 에지오포(Chiwetel Ejiofor) 등

당신이 세계 지도자라면

이 영화는 신세계질서를 표방하는 그림자 정부의 홍보물 같은 느낌을 준다. 인류 대다수의 죽음이 피할 수 없는 상황에서는, 소수의 엘리트만이라도 생존하여 새로운 지구를 건설해야 한다. 나와 같은 대다수의 서민들은 죽더라도, 부와 권력을 가진 특권계층 엘리트들은 살아남아야 하는 것이다. 그들 한 사람은 일반 서민 수백 명보다 더 가치가 있으며, 그들을 살리는 것이 인류의 문명을 이어갈 수 있는 유일한 대안인 것이다. 영화를 보고나면 이런 생각이 자신도 모르게 잠재의식에 새겨진다.

영화 종반으로 가면, 60억의 인구가 다 죽었는데도 관객들의 관심은 60억의 죽음이라는 충격적인 사실보다는 배에 타고 있는 소수에게만 쏠린다. 관객들은 그들이 위기를 극복하고 살아남는 모습에서 희열을 느낀다. 이것이 영화가 대중을 학습시키는 방법이며, 극소수라도 살아남는 것이 인류멸망에 대처하는 현명한 처사라는 의식이 영화를 본 대다수 사람들에게 심어진다.

그러나 이것이 실제상황이라면 소수의 엘리트들이라 할지라도 종말을 피할 수 없다. 지하벙커로 숨어도 재앙을 피할 수 없다. 튼튼한 방주가 살아남을 수 있는 방법처럼 보이긴 하지만, 지구 전역이 막대한 방사능과 메탄하이드레이트methane hydrate로 오염되어 숨

쉬는 것만으로도 죽음에 이른다면, 그 누구도 살아남을 수 없을 것이다.

세계를 창조한 신의 이중성 때문에 세계종말은 올 수밖에 없다. 선한 얼굴을 가진 창조주의 이면에는 악한 얼굴을 가진 사탄이 도사리고 있다. 동전의 앞면에는 창조자가, 뒷면에는 파괴자가 있는 것이다. 창조는 곧 파괴를 동반하고, 파괴는 창조로 이어진다.

우아한 우주적 조화를 나타내는 상대성이론과, 불안정하고 불규칙적인 리듬을 표방하는 양자역학 이론은 동전의 양면과 같다. 즉, 두 얼굴을 가진 신의 모습이다. 이 둘은 서로 정반대의 속성인데도 결국은 하나다. 과학자들은 상대성이론과 양자역학의 기원이 같음을 인식하고 있다. 선과 악, 빛과 어둠, 창조와 파괴는 근원이 서로 같은 쌍둥이며, 두 얼굴을 가진 동일한 존재들이다.

만약 당신이 막강한 부와 권력을 가진 전 지구를 통치하는 지도자라면 지구 종말에 어떻게 대처하겠는가? 먼저 지구에 종말을 가져오는 원인을 찾아서 제거해야 하지 않을까? 만약 지구환경이 극도로 불안해지는 원인이 인간에게 있다면 당신은 어떻게 할 것인가? 지구환경을 살리기 위해 인류 대다수가 사라져야 한다면 당신은 어떤 선택을 할 것인가? 모든 인류와 함께 멸망의 시간을 기다리겠는가, 아니면 대다수의 인류를 제거하고 소수만 남김으로써 지구 문명을 보존하겠는가? 세계를 움직이는 지도자라면 이 둘 중 하나를 선택해야 한다.

현재 지구에서 가장 막강한 권력을 가진 사람은 미국 대통령이 아니다. 미국 대통령과 미국 정부를 배후에서 조종하는 보다 막강한 집단이 있다. 그들이 실질적인 지구의 지배권력이며, 세계정부, 또는 그림자정부 등으로 불리는 존재들이다. 대중들에게 알려진 그들의 모습은 매우 부정적이며, 자신들의 이익을 위해 인류의 희생을 서슴지 않는 집단이다. 그러나 만일 당신이 그 위치에 있다면 세상을 보는 시각이 지금과 다를 수밖에 없을 것이다. 지구 전체의 운명이 당신의 선택에 달려 있다면, 당신 또한 비난받을 일이 많아질 것이다. 모든 선택에는 반대세력이 있기 마련이다.

인류의 종말에 대처하는 자세에서는 극단적으로 다른 입장이 첨예하게 대립할 수밖에 없다. 앞으로의 종말에 대비해, 그림자정부는 인류의 공멸보다는 다수를 희생하고 소수를 남기는 선택을 할 것으로 보인다. 그리고 이러한 선택은 어떻게 대다수 인류를 최대한 반발 없이 제거할까에 대한 고민으로 이어진다. 각종 정보를 장악한 그림자정부는 적어도 100년 전부터 지구 종말에 대해 알고 있었을 것이다. 그리고 차근차근 지구보존계획을 추진해 왔을 것이다.

지구 핵의 변화

〈노잉〉에서 인류를 전멸시켰던 바로 그 강력한 태양폭풍(태양 플레어)이 〈2012〉에서도 인류 멸망의 원인으로 등장한다. 영화 〈노잉〉

에서는 태양폭풍이 지구에 정면으로 몰아닥침으로써 열망을 초래하였다. 영화는 2009년, 어둠 속에서 떠오르던 태양이 갑자기 슈퍼 플레어를 쏟아내는 장면으로 시작된다.

그로부터 이틀 뒤, 인도의 한 구리광산. 백악관 과학기술부 소속 지질학자 헬슬리 박사가 친구의 초청으로 이곳에 왔다. 그는 세계에서 가장 깊은 구리광산인 이곳에 연구소를 차려 놓고 있었다. 헬슬리 박사가 초청을 받은 것은 유례가 없는 중성미자의 수치 때문이었다.

이틀 전 역사상 유례 없는 엄청난 태양폭풍이 발생한 후, 중성미자 수치가 역대 최고치를 기록했던 것이다. 태양에서 날아온 중성미자가 지구 핵에 도달하여 핵입자를 바꾸기 시작했던 것이다. 그로 인해 지구의 핵이 들끓고 있었다. 핵이 불안정해지면 대륙을 떠받치는 지각들도 흔들려 지진, 화산, 홍수가 한꺼번에 발생한다. 헬슬리 박사는 급히 워싱턴으로 날아가 앤휴저 장관을 만난다.

신 노아의 방주

6개월 후, G8 정상회담이 열리는 자리에서 미국 대통령이 세계가 곧 멸망할 것임을 비공개로 발표한다. 2010년, 티베트에서는 댐 공사를 위한 인부들을 모집하고, 주민들을 모두 다른 곳으로 이주시킨다. 이곳에서 진행될 공사는 사실 댐이 아닌 거대한 배를 만드는 것이었다.

드디어 2012년. 고대 마야의 도시 타칼에서 집단자살 사건이 발생한다. 언론은 마야인의 예언이 태양의 흑점 활동과 관련이 있으며, 태양계의 행성들이 일렬로 정렬될 것임을 보도한다. 거리의 도로는 이미 갈라져 있고, 운행하던 배들은 뒤뚱거린다.

한편, 백악관에서는 채이린 작전에 대해 논의를 한다. 이는 모든 것이 폐허가 된 후 다시 정부를 재건하기 위한 계획으로, 10억 달러를 내는 사람만 선별해 신 노아의 방주에 태운다는 것이다. 즉, 10억 달러를 내야만 목숨을 건져 새로운 세계에서 다시 시작할 수 있다.

주인공인 잭슨 커티스는 아이들을 데리고 옐로스톤으로 캠핑을 떠난다. 이곳에서 커티스는 이상한 징조를 발견한다. 호수가 마르고, 동물들이 죽어 있었던 것이다. 이곳에서 개인 라디오 방송을 하는 찰리는 모든 상황을 실시간으로 방송하고 있다. 찰리를 만난 커티스는 그를 통해 옐로스톤이 활화산으로 바뀔 것이라는 사실과 지구 종말에 관한 이야기를 듣는다. 또한 종말에 관한 믿을 만한 정보를 대중에게 알리려 했던 사람들은 대부분 암살당했다는 것도 듣게 된다.

그들 중 한 명은 마이어스 교수로, 커티스도 잘 아는 사람이었다. 마이어스는 아틀라스 우주선 프로그램을 진행했었고, 암살당하기 전 찰리에게 비밀장소에 관한 지도를 보냈다고 한다. 지도에는 우주선, 곧 큰 배를 만들고 있는 장소가 표시되어 있었다. 찰리는 정부가 그 배를 탈 수 있는 좌석을 팔고 있다고 덧붙이면서, 어서 옐로스톤에서 도망치라고 경고한다. 커티스는 아이들을 데리고 서둘러 돌아간다.

지각이 급속히 불안정해지고 상황이 악화되지만, 정부와 고위층 관료들은 자신의 목숨만 소중히 여기고 국민들에게 진실을 알리지 않는다. 정부는 진실이 알려질 경우 발생할 수 있는 최악의 상황을 원치 않으며, 현 체제가 평온하게 유지되기를 원한다.

총체적 대재앙

헬슬리 박사가 각국 정상들 앞에서 브리핑을 한다. 대륙을 고정해 주는 지각의 온도가 예상보다 훨씬 더 빠른 속도로 증가 중이며, 극지방의 자기장이 최근 48시간 동안 80% 이상 감소했다는 내용이다. 신 노아의 방주에 탑승할 수 있는 시간은 고작 2~3일. 미 대통령은 지금 즉시 대피하라고 권고한다.

탑승비를 지불한 사람들에게 '탑승절차 시작'이라는 긴급문자가 전송된다. 그러나 일반 시민들이 보는 방송에는 지진이 일어나지만 곧 안정될 것이라는 보도가 나오고 있다. 정부는 연일 걱정할 것 없다고 국민들을 속인다. 정부는 주요 인사들의 탑승이 끝난 후에야 비로소 진실을 밝힐 예정이다.

강도 10.9의 지진이 발생하여 땅이 갈라지고 건물이 무너진다. 다리는 끊어지고 주유소가 폭발한다. 도시가 사라지고, 없던 계곡이 생겨난다. 일단 폭발하면 세계를 화산재로 뒤덮는다는 대형 화산인 옐로스톤 화산도 폭발을 시작한다. 절망과 혼란에 빠진 사람들은 공공장소에 모여 절박한 심정으로 기도한다. 종교마다 종말이 왔으니 회개하라고 소리친다.

상황이 심각하다는 것을 깨달은 커티스는 천신만고 끝에 가족들을 비행기에 태우고 옐로스톤에 있는 찰리에게 간다. 거기서 마이어스 교수의 지도를 얻은 커티스 일행은, 우여곡절을 겪으며 신 노아의 방주에 도착하게 된다. 신 노아의 방주 중 한 대는 고장이 나고 세 대에 120만 명이 탑승을 완료한다.

한편, 지상에서는 대륙판 이동이 시작되고 지진과 해일이 지구를 뒤덮는다. 영화에는 한국도 등장한다. 한국의 동해에 진도 7.9와 8.2의 지진이 발생하는 것으로 재앙이 시작된다. 지진의 규모가 커질수록 지진해일도 거대해지고, 1,500m 높이의 지진해일이 모든 대륙을 덮친다. 극지방의 자기장도 역전되어 미국 위스콘신 지역이 새로운 남극이 된다.

티베트의 초밍 계곡에서 탑승자를 태운 세 대의 방주는 물에 뒤덮인 지구 위를 1년간 항해한다. 성서에서 노아가 1년 만에 문을 열었듯이, 영화에서도 1년 만에 갑판 문을 연다. 새로운 세상이 그들을 기다리고 있다. 이처럼 〈2012〉는 인류의 멸망에도 불구하고 나름 해피엔딩으로 마무리가 된다.

원자력 방사능

이 영화에서는 세 가지 의문점이 보인다. 우선 1년 뒤에 해가 뜬다는 설정이 그렇다. 지구의 내핵이 요동치고 그 여파로 대륙판이

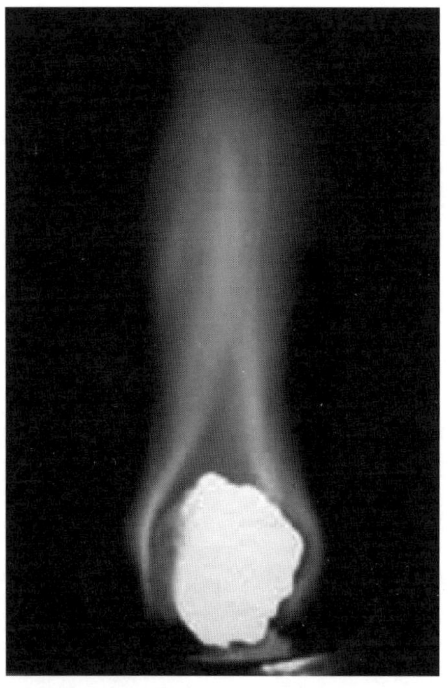

메탄하이드레이트는 미래의 청정자원으로 평가되지만, 멕시코만 원유 유출 사고의 원인으로 지목되어 그 위험성이 부각되고 있다.

이동하여 지진과 화산폭발이 다발적으로 발생하는 상황이 되면, 하늘은 해를 볼 수 없을 정도로 먼지와 돌로 뒤덮인다. 또한 햇빛이 차단된 바다는 죽음의 바다가 되고 만다. 1년 뒤에 다시 태양이 뜰 수는 없다.

이 영화에서 보이는 또 다른 의문점은 메탄하이드레이트의 분출이다. 불타는 얼음이라 불리는 메탄하이드레이트는 약 10조 톤이 전 세계 깊은 바다에 얼음 형태로 매장되어 있다. 세계 각국은 이것을 새로운 대체에너지원으로 선정하고 개발을 서두르고 있다. 그런데 지구온난화가 가속되면서 빙하가 녹아내리는 지금, 메탄하이드레이트는 지구종말을 가져올 무서운 재앙이 될 수 있다. 만일 메탄하이드레이트가 녹아서 대기 중으로 분출된다면 어떤 사태가 발생할까? 최악의 경우에는 대기 중의 공기를 호흡하는 것만으로도 죽음에 이를 수 있다.

영화에서처럼 지상과 땅속의 모든 것이 뒤틀리고 요동치면서 지진과 화산폭발이 연쇄적으로 발생하면 메탄하이드레이트의 가스도 자연 분출하게 된다. 그러면 지구의 대기는 호흡 불가능한 상태가 된다. 영화에서는 이것을 의도적으로 배제한 것 같다. 이런 점까지 고려하면 신 노아의 방주라 할지라도 살아남을 사람이 없어지기 때문이다. 그러면 새로운 세계와 미래는 아예 불가능해진다.

세 번째 의문점은 지구 전 지역에 산재해 있는 원자력발전소의 붕괴와 그로 인한 막대한 방사능 피해에 대한 묘사가 없다는 점이다. 세계가 원자력을 개발하는 명분은 이렇다. 언젠가는 고갈될 석탄과 석유를 대체하여 지속가능한 에너지원을 확보하고, 아울러 지구온난화 방지 효과를 얻는다는 것이다. 그 명분은 1979년 TMI 사고와 1986년 체르노빌 사고에도 불구하고 더 힘을 얻어 왔다.

"1973년 제1차 오일쇼크 당시 전 세계에서 가동 중이던 원전은 147기로 세계 에너지 소비의 0.8%만을 감당했다. 그러나 약 37년이 경과한 2010년 1월 현재 전 세계 31개국에서 432기의 원전이 운영되고 있으며, 세계 1차 에너지 소비의 약 5.9%를 담당하고 있다.

현재 16개국에서 전력 수요량의 25% 이상을 원자력이 담당하고 있으며, 특히 프랑스 및 리투아니아는 75% 이상, 대한민국을 비롯한 슬로바키아, 벨기에, 우크라이나, 아르헨티나, 아르메니아, 헝가리, 스위스, 슬로베니아, 스웨덴, 불가리아, 체코는 33% 이상을 원자력 발전이 담당하고 있다."

— 백훈, 한국수력원자력(주) 원자력정책처 원자력정책팀장 보고서 중에서

그러던 2011년 3월, 원자력개발정책을 주춤하게 하는 사건이 발생했다. 진도 9.7의 강진과 그에 동반된 지진해일로 일본 동북부 지역이 삽시간에 폐허가 된 것이다. 일본이 자랑하던 안전 1번지 후쿠시마 원전이 대부분 폭발하고 말았으며, 바람과 해류를 타고 방사능이 일본 전역으로 퍼지기 시작했다.

절대 안전을 장담하던 일본 정부의 위상은 땅에 떨어졌고, 한국을 제외한 전 세계의 원자력 개발붐에 찬물을 끼얹었다. 원자력은 더 이상 안전하지 않을 뿐더러, 너무나 위험하다는 것이 온 세상에 알려진 사건이었다. 그러나 주춤하던 것도 잠시, 여전히 우리 정부를 비롯한 세계 여러 나라는 원자력개발을 마치 멈출 수 없는 브레이크처럼 밀어붙이고 있다.

2012년 1월 현재 세계 원자력발전소 현황을 살펴보면 아래와 같다.

• 운영 중인 원자력발전소 : 총 435기, 29개국
  설비용량 : 366,590GWe
  주요 국가 : 미국(104기), 프랑스(58기), 일본(50기), 러시아(32기), 대한민국(21기), 인도(20기), 영국(19기), 캐나다(18기), 독일(17기), 우크라이나(15기), 중국(14기)

• 건설 중인 원자력발전소 : 총 65기, 15개국
  설비용량 : 62,877MWe
  주요 국가 : 중국(27기), 러시아(11기), 인도(5기), 대한민국(5기)

• 계획 중인 원자력발전소 : 총 154기, 27개국

설비용량 : 171,445MWe

주요 국가 : 중국(52기), 인도(18기), 러시아(14기), 일본(10기), 미
국(6기), 대한민국(6기)

– 출처 : IAEA PRIS

영화에서처럼 지구환경이 완전이 파괴되는 상황이 발생한다면, 현재 가동 중인 435기의 원자력발전소, 건설 중인 65기의 원자력발전시설도 붕괴될 것이다. 그 여파로 지구의 대기는 방사능에 심각하게 오염된다. 이런 상황에서 노아의 방주에서 살아남은 사람들이 맑고 깨끗한 공기를 마시며 새로운 지구를 건설할 수 있을까?

일곱 번째 종말 시나리오

거대 권력집단에 의한 설계
〈아일랜드 The Island〉

SF, 드라마 / 2005년 7월 개봉 / 136분 / 12세 관람가

감독 : 마이클 베이(Michael Bay)

출연 : 이완 맥그리거(Ewan McGregor), 스칼렛 요한슨(Scarlett Johansson)

내면의 '그_{the One}'를 찾아서

스티븐 호킹_{Stephen Hawking}은 지구가 아닌 다른 행성을 찾아 이주를 해야 한다고 여러 차례 말한 바 있다. 여기에 덧붙여, 인류는 지구에서 앞으로 100년도 못 버틸 것이라 선언하기도 했다.

우리나라의 고故 조경철 박사도 이와 비슷한 발언을 했다. 그는 어느 강연회에서 인류가 우주로 나가야 하는 이유를 세 가지 꼽았다. 그가 꼽은 이유는 급속한 인구팽창, 자원의 고갈, 식량문제였다.

그러나 우주로의 대규모 이주는 사실상 불가능하다. 지구와 같은 행성을 찾기도 힘들거니와, 설사 있다 해도 수십억 인구를 나를 수 있는 우주선도 없다. 만화 〈건담〉에서는 60억 인구를 다른 별로 옮기지만, 현실에서는 불가능하다. 영화 〈카르고_{Cargo}〉, 〈월-E_{Wall-E}〉 등에서도 하나같이 '지구 엑소더스'를 기본적인 발상으로 삼지만, 현재로는 모두 실현이 불가능하다. 앞으로 과학이 크게 발전해서 인류를 이주시킬 만한 우주선을 만들어 낸다 해도, 그전에 인류는 지구에서 사라지고 없을 것이다. 모든 지구 문명이 사라지는 쓸쓸한 결말이 코앞에 와 있다.

과연 인류에게는 '엑소더스'의 길이 없는 것인가? 그렇지 않다. 관점을 전환하면 길이 있다. 인간의 본질은 육체가 아니기 때문이다. 육체를 우주선에 실어 다른 별로 옮기는 것은 불가능하지만,

육체 안에 있는 '그the One'를 찾아서 우주 밖 안전지대로 옮기는 것은 가능한 일이다. 육체를 보존하려는 시각에서 '그'를 보존하려는 시각으로 전환하면 길이 보이고, 인류종말에 대처할 수 있는 지혜가 열린다.

물리세계는 한낱 꿈에 불과하다. 꿈이 아닌 진정한 현실의 모습을 알아야 하고, '그'를 잠에서 깨어나게 해야 한다. 지금의 현실 세상은 잠들어 있는 '그'가 꾸고 있는 꿈속이다. '그'가 깨어나고 '그'가 성장해야만 진정한 현실에 도달할 수 있다. 영화 〈인셉션〉은 이 세상이 어떤 꿈의 구조를 가지고 있는지에 대해 충분한 힌트를 주고 있다. 영화 〈매트릭스〉는 네오의 각성을 통해 인간이 층층이 놓인 꿈의 장벽들을 어떻게 통과할 수 있는지를 보여 준다. 종말이 오기 전에 인류는 '그'가 되어 하늘 밖으로 날아올라야 한다.

비밀 수용소

신세계질서는 첨단장비를 갖춘 소수 인류가 다수의 대중을 노예처럼 다스리는 시스템이다. 대중들은 통제된 상태에서 지극히 제한적인 정보만을 접하게 된다. 영화 〈아일랜드〉를 통해, 이러한 신세계질서의 단면을 볼 수 있다.

온통 하얀 방, 악몽을 꾸던 주인공 링컨6-에코(이하 링컨6)가 깨어난다. 소변을 보는 즉시 소변에 대한 검사가 이루어진다. 주인공은 자동화된 사물함에서 신발과 옷을 꺼내 입고 밖으로 나온다. 밖에는 그와 똑같은 복장을 한 사람들이 있다. 모두 흰색 유니폼이고, 그들을 통제하는 통제관들은 검은색 유니폼이다. 그들이 여기에서 생활한 시간은 6개월, 2년, 3년, 7년 등 모두 제각각이다. 이들은 자신들이 어디서 왔는지 모른다.

자신이 어떻게 온 것인지 알 수 없다면 그것은 꿈이라고 했던가? 이들은 일종의 꿈속에 살고 있다. 그러나 영화 〈트루먼 쇼Truman Show〉의 주인공 트루먼처럼 아직 그것을 모르고 있다. 이곳은 사실 바이오테크 사에서 운영하는 비밀 수용소다.

그들이 사는 곳은 꽤나 쾌적하다. 요가실, 수영장, 헬스장 등 거의 모든 것이 갖춰져 있다. 외부와 차단된 제한구역에서 생활한다는 것과 약간의 통제를 제외하고는 그다지 불편한 것이 없다.

꿈의 낙원

스탁웨더2-델타(이하 스탁웨더2)가 아일랜드행 추첨에 당첨되었다. 이들은 '아일랜드'가 지구상에서 유일하게 오염되지 않은 낙원으로 알고 있다. 스탁웨더2가 기뻐하며 인터뷰하는 영상이 방송된다. 이곳에 있는 흰옷을 입은 사람들은 누구나 아일랜드에 가고 싶어 한다. 오직 한 가지 목적, 즉 아일랜드로 가기 위해 살고 있다. 그 외에는 다른 삶의 이유를 생각하지 않는다. 이들의 사고는 매우 단순하다. 다음 추첨은 오늘밤이다.

이들은 지구 모든 곳이 심각하게 오염되어 있다고 알고 있다. 인류는 오염된 공기로 인해 이미 멸종했고, 자신들은 살아남은 행운아들인 것이다. 이것을 전혀 의심하지 않는다. 의심, 호기심과 같은 지적능력 프로그램이 이들의 뇌에는 입력되지 않았다.

그러나 주인공인 링컨6는 의문이 많다. 왜 흰색만 입어야 하고 베이컨은 먹으면 안 되는지, 왜 아일랜드로 가는 것 외에는 아무런 목표가 없는지, 왜 여기에 있는지 등에 대한 의문이다. 그는 분명 다른 이들이 보이는 것과는 다른 사고방식을 갖고 있다. 이것을 안 메릭 박사는 그에게 마이크로센서를 투입한다. 24시간 동안 링컨6의 눈으로 보는 모든 것을 관찰하기 위해서다.

링컨6는 조던2-델타(이하 조던2)와 연인 사이다. 그러나 이곳에서는 지나친 친밀도는 금지되어 있다. 키스도 안 되고 신체적 접촉도 안 된다. 이들에게는 섹스라는 관념 자체가 없다. 섹스에 관한 정보가 처음부터 이들의 뇌에 입력되지 않았기 때문이다.

링컨6는 잭을 만난다. 잭은 기계실에서 근무하는 외부인이며, 유니폼이 아닌 작업복을 입고 있다. 링컨6가 이곳에 오는 것은 불법이지만, 잭이 눈감아 주고 있다. 잭은 링컨6처럼 질문과 호기심이 많은 대상을 처음 겪어 본다. 기계실에서 링컨6는 나비를 발견하게 되고, 이로 인해 그의 의문은 더욱 증폭된다. 오염된 외부에 어떻게 나비가 살고 있을까? 더구나 나비는 병균에 오염되지도 않았다.

바깥세상은 오염되어 사람이 모두 죽었다고 했는데, 새로 들어오는 사람들은 도대체 어디에서 오는 것일까? 이상하다는 느낌을 떨칠 수 없다.

수용소의 진실

이들은 튜브 속에서 인공적으로 만들어진 존재들이다. 이들은 인간이 아닌 제품으로 취급된다. 이곳에서 인간 제품들을 만들고 사육한 후 목적에 따라 도살한다. 이들의 제품명은 '애그네이트 Agnate'다.

드디어 추첨 당일, 조던2가 당첨된다. 다들 축하하는 분위기지만 링컨6는 뭔가 불안하다. 매일 밤 악몽에 시달리던 그는 또다시 악몽을 꾼다. 시커먼 손들이 그의 입을 막고 죽이려 한다. 악몽에서 깨어난 링컨6는 잭이 있는 기계실로 달려가 자신이 잡았던 나비를 날려 보낸다. 나비를 따라 그는 사다리를 타고 올라간다. 환기구 뚜껑을 열고 나온 곳은 의료구역의 복도. 이곳은 애그네이트들에게는 출입금지 구역이다. 하지만 링컨6는 의사들이 입는 파란색 옷을 걸치고 이곳에 숨어 든다.

그곳에서 링컨6는 한 산모의 출산 장면을 목격한다. 그녀는 자신과 같은 애그네이트이고, 추첨에 당첨되어 아일랜드로 간 인물이었다. 그녀는 예쁜 딸을 낳지만 곧 죽임을 당한다. 링컨6는 큰 충격을 받는다. 산모를 죽인 의사가 아이를 데리고 간 곳에는 살해당한 산모와 똑같이 생긴 여자가 남편과 함께 있었다. 살해당한 산모는 그 여자의 유전적 복제품, 클론이었다. 그 산모는 이 클론의 대리모 역할을 하고 살해당했던 것이다.

또 다른 수술실에 아일랜드행 추첨에 당첨되어 좋아하던 스탁웨더2가 수술대에 누워 있다. 의사들은 그의 가슴을 절개하고 장기를 꺼내려던 참이다. 스탁웨더2는 피를 흘린 채 수술실을 탈출하지만, 곧 보안 요원들에게 붙잡혀 끌려간다.

아일랜드는 처음부터 존재하지 않았다. 멋진 산과 바다로 이루어진 아일랜드의 아름다운 영상은 조작된 것이었다. 아일랜드행 추첨에 당첨된 사람들은 이곳 병동에서 죽어야 했다. 피부이식을 하든, 장기를 적출하든, 아니면 아기를 출산하든, 그 용도가 다하면 폐기처분되었던 것이다. 그것이 아일랜드의 실체였다.

클론 제조공장

바이오테크 사의 지하에는 클론을 제조하는 공장이 있다. 튜브 속에 누워 있는 클론들에게 컴퓨터가 정보를 입력한다. "넌 특별하다. 넌 아일랜드로 가고 싶다"와 같은 암시를 통한 최면요법도 동원된다.

이들은 인간 세상의 누군가를 복제한 존재들이고, 이들에게는 조작된 기억이 입력된다. 그 기억 속에는 부모에 대한 것, 어린 시절에 대한 것도 포함된다. 이들은 이곳에서 메릭 박사에 의해 사육되다가, 스폰서(클론 복제를 의뢰한 사람)가 병에 걸리면 장기나 피부 등을 제공하는 것이다. 이들의 팔에는 클론의 표식인 팔찌가 채워져 있다.

메릭 박사는 다음과 같은 말로 투자자들을 유치한다.

"인간의 장기는 매우 정교하고 복잡한 구조다. 3억 년의 진화를 통해 얻어진 산물이다. 인간의 장기는 모든 면에서 완벽하지만, 시간이 지나면 기계처럼 소모된다. 신체를 재생시키는 것은 첨단과학의 최대 화두였다. 그리고 '애그네이트'가 드디어 그 문제를 해결했다. 의뢰인(스폰서)의 유전자를 스캔한 후 12개월 동안 배양하여 복제인간을 만든다. 복제인간은 실제 사람과 전혀 구별이 안 된다. 아기, 허파, 피부 등 모든 것을 애그네이트를 통해 얻을 수 있다. 애그네이트들은 언제나 의식이 없는 상태로 유지된다. 생각, 고통, 사랑, 기쁨, 미움 등 그 어떤 감정도 느낄 수 없다. 그야말로 제품이다. 애그네이트는 인간이 아니다."

500만 달러만 투자하면 클론을 가질 수 있고, 그러면 수명을 60~70년은 더 연장할 수 있다는 말도 덧붙인다. 그들의 전략은 성공하여 바이오테크 사는 1,200억 달러의 투자금을 유치한다.

그러나 메릭 박사는 스폰서들을 속이고 있다. 생각, 고통, 감정 등이 없는 클론이란 만들어낼 수 없다. 애그네이트는 단순한 제품이 아니라 엄연한 인간이었다. 메릭 박사의 아일랜드는 제품폐기가 아닌 살인이었던 것이다.

아일랜드의 실체를 알게 된 링컨6는 조던2와 함께 탈출을 감행하여 지상으로 올라온다. 메릭 박사는 전문 추적 팀을 고용하여 비밀리에 이들을 추적한다.

링컨6와 조던2는 잭을 찾아가고, 그를 통해 자신들의 실체를 알게 된다. 조던2의 스폰서인 새라 조던은 교통사고로 혼수상태에 빠져 다량의 장기이식이 필요한 상태였다. 바이오테크 사의 입장에서는 3일 이내에 조던2를 찾아 이식수술을 해야 한다. 추적 팀은 링컨6와 조던2를 찾아내지만, 잭이 목숨을 던져 구해 준다. 둘은 잭이 죽기 전 끊어준 기차표로 LA에 도착한다. 그곳에는 링컨6의 스폰서인 톰 링컨이 살고 있다.

두 사람은 톰 링컨의 집을 찾아내고 스폰서와 클론이 만나는 희귀한 장면이 연출된다. 그러나 톰 링컨은 은밀하게 바이오테크 사에 연락한다. 위기에 빠진 링컨6는 자신의 팔에 있던 팔찌를 톰 링컨의 팔에 채운다. 이로 인해 추적 팀은 스폰서인 톰 링컨을 오인 사살한다. 링컨6는 톰 링컨이 되어 살아갈 수 있게 되었다.

링컨6는 바이오테크 사에서 지적능력이 살아나 인간다워진 클론들을 선별하여 리콜을 실시한다는 사실을 알게 된다. 리콜이란 곧 클론들을 집단학살한다는 의미다.

링컨6와 조던2는 그들을 구하기 위해 다시 수용소로 돌아간다.

한편 추적 팀의 수장인 로렌트는 클론도 엄연한 인간임을 알게 되자 마음을 바꿔 그들을 돕는다. 이들은 바이오테크 사의 수용소를 무너뜨리고 클론들을 탈출시킨다. 자신들에게 입력되었던 인셉션의 장벽을 허물고 자유의 세계로 나온 것이다.

지구를 지배하는 실세

"너희 종족을 분류하다가 깨달았어. 너희는 포유류가 아니야, 모든 포유류는 본능적으로 자연과 조화를 이루는데, 너희는 그렇지 않아…… 너희는 바이러스와 같아. 인간이란 존재는 질병이야. 지구의 암적인 존재들이지. 너희는 역병이고 우리는 (지구의) 치료제야. 우리는 (너희를 죽여) 지구를 치료하지."

영화 〈매트릭스〉에서 스미스가 한 말이다. 이는 지구생명체 '가이아'를 살리기 위해 가이아를 병들게 하는 바이러스인 '인간'을 제거한다는 개념이다. 실제로 이와 같은 생각을 가진 집단이 있다. 이들은 지구의 막대한 부와 권력을 독점하고 있으며, 인간이 아닌 지구의 편에 선다. 즉, 인간을 버리고 지구를 선택하는 것이다.

이들에게는 인류 전체를 통제할 수 있는 힘이 있다. 이들은 혈통과 가문으로 뭉쳐 있으며, 자신들이 지구를 다스리기 위해 존재하는 고귀한 계층이라 생각한다. 세상의 크고 작은 이슈들이 모두 이들의 손에서 비롯된다. 따라서 사건들에 우연이란 없다. 미국을 포함한 각국 정부와 정치가들은 이들이 짜놓은 각본대로 움직이는 연기자들일 뿐이다. 대중은 속고 있으며, 이들 연기자들의 배후에 그림자처럼 숨어 있는 진정한 실세에 대해서는 무지하다.

자신들이 드러나거나 알려지길 원치 않는 이들은 여러 가지 이름으로 불린다. 프리메이슨, 일루미나티, 그림자정부, 비밀그룹, 엘리트집단, 빌더버그, 삼변회, 검은 귀족, 300인 위원회, 로마클럽 등이 그것이다. 언뜻 보면 이름도 다양하고 조직도 많아 보이지만, 사실 이 모든 명칭이 가리키는 실체는 하나다. 이 영화에 등장하는 메릭 박사는 이런 비밀스러운 실체와 같다. 그는 과학기술과 막대한 자금력으로 수용소 안의 클론들을 완벽히 통제한다. 완벽한 통제란 피지배자가 자신이 지배 받고 있음을 전혀 인지하지 못하고, 지배자의 의도 또한 철저히 은폐되는 것이다.

지구에는 두 종류의 계급이 존재한다. 지배계급과 피지배계급이 그것이다. 지배계급은 피지배계급을 인간이 아닌 클론으로 취급한다. 클론은 인간과 똑같은 모양, 의식, 감정, 사유를 갖고 있지만, 사람이 아닌 제품으로 취급 받는다. 지배계급의 눈에 인간들은 물건과 다를 바가 없다. 그래야만 인간을 통제할 수 있다.

지배계급에게는 비밀종교가 있는데, 고대로부터 전해 오는 가이아를 섬기는 종교다. 그들이 섬기는 신은 대중에게 거의 알려져 있지 않지만, 한 가지 분명한 것은 그들의 신이 인간을 제물로 삼는 존재라는 것이다. 인간은 대지의 여신 가이아를 위해 사육되는 것이다. 영화에서 메릭 박사는 자신이 섬기는 신(막대한 부를 주는 스폰서들)을 위해 클론들을 창조하고 사육한 다음, 살육하는 인물이다.

가축을 기르는 사람은 새끼를 탄생시키고(창조), 사료와 물을 먹여 기르고(사육), 마지막에는 죽여 고기를 얻는다(파괴). 잘 사육된 가축을 적절한 때에 도축하는 것이 가축업자의 목적이다. 영화 속 클론의 운명은 가축의 운명과 같으며, 현실에서는 인간의 운명도 그렇다.

가이아는 인간이라는 가축을 기르고 있다. 최종적으로는 살인을 통해 제물로 받는 것이 목적이다. 가이아를 섬기는 지배계급은 신을 위해 인간을 사육하는 목동들이다. 인간이 사육당하고 있다는 사실은 절대적인 비밀이다. 그래서 인간의 지각을 어둡게 하는 각종 방법을 고안해 내는데, 대표적인 것이 종교다. 또한 정치, 예술, 스포츠, 섹스 산업도 그런 방편을 위해 고안된 것들이다.

우리는 인간은 존엄한 존재며, 서로 존중해야 한다고 배운다. 그러나 이는 사회라는 '사육장' 내에서의 질서유지를 위한 방편이며, 인간을 사육하는 지배계급에게는 적용되지 않는다. 그들은 같은 지구에 살지만, 인간과 같은 종족이 아니다. 인간은 클론이며 제품이다. 제품은 인간다운 존엄성을 요구할 수 없다. 필요하면 쓰고, 쓸모가 다하면 버린다. 그리고 다시 생산해 내면 된다. 호기심과 지적 능력을 갖게 된 애그네이트들을 리콜한다는 메릭 박사의 결정은, 인간을 물건으로 여기는 지배계급의 의식과 다를 바 없다.

한마디로 지구는 신에게 바칠 제물을 사육하는 동물농장이다. 인간을 제외한 지구상의 동식물은 인간을 사육하기 위한 사료다. 인간이 가축을 이용해 노동력을 얻듯이, 지배계급은 인간을 교육시켜 부가가치를 생산하도록 한다. 그들에게 필요한 것은 존엄한 인간이 아니라, 시스템을 유지시켜 줄 노동력이다.

새로운 세계종교의 출현

세계를 지배하는 엘리트 기업들이 2007년 7월 7일에 일곱 개 대륙에서 동시에 'Live Earth' 환경 콘서트를 개최했다. 그들은 지구온난화의 주범 이산화탄소 억제를 위해 새로운 과세 시스템을 도입해야 한다고 역설했다. 그리고 '지구보호'가 인류를 위한 새로운 기준임을 공표했다. 이는 사실상 새로운 세계종교의 출현을 알리는 것이었다. 이들은 이산화탄소가 지구를 죽이고 있으며, 이산화탄소 억제를 위해 아이들의 수를 줄이는 등 인구감소정책을 펴야 한다고 역설했다.

인구감소를 위한 매우 설득력 있고 새로운 명분이다. 이를 통해 인간의 희생을 감수해서라도 지구를 지켜야 한다는 생각이 사람들에게 인셉션되었다. 그 뒤에 숨은 무서운 음모를 전혀 상상하지 못한 채 말이다.

지구를 살려야 한다는 목소리가 한껏 높아지고 있다. 기후변화로 인한 환경재난이 발생할 때마다 지구의 종말에 대한 우려도 덩달아 높아진다. 환경재난의 원인과 책임을 찾다 보면 항상 인간이 그 중심에 있게 된다. 온난화의 주범은 인간이라는 의식이 이미 세계인의 뇌리에 세뇌되어 있다. 종말의 원인이 온난화라면 지구를 온난화로부터 지켜 내야 한다. 이는 인간이 지구에서 사라져야 한다는 뜻이 된다. '지구를 살리기 위해 인간을 제거한다'는 명제가 음모론의 시작이다. 지구를 살릴 것인가, 인간을 살릴 것인가? 지금의 대세는 인간을 버리고 지구를 살리는 것이다.

지구 문명이 모두 사라지는 쓸쓸한 결말이 코앞에 와 있다. 과연 인류에게는 '엑소더스'의 길이 없는 것일까?

환경파괴가 인간의 난개발에서 비롯되었다 하더라도, 그로 인해 발생한 부가가치는 극소수의 지배세력이 독점하고 있다. 그들은 부를 얻기 위해 인간의 노동력을 활용했고 그 결과 막대한 경제력을 갖게 되었다. 결국 환경파괴의 책임은 그들에게 있다. 그런데 모든 인류에게 그 책임을 떠넘기려 한다.

그들이 원하는 새로운 세상은 0.1% 이내의 소수가 전체 인류를 노예처럼 부리는 단일화된 독재정부다. 선마이크로시스템즈Sun Microsystems의 빌 조이Bill Joy는 2030년까지 인류는 완전히 노예화될 것이라 폭로한 바 있다.

다큐멘터리인 〈엔드게임Endgame - 지구 노예화 청사진〉에 의하면, 머지않아 지구에는 소수의 지배계급이 다스리는 강력한 세계정부가 등장한다. 하위계층은 봉쇄된 비좁은 도시에서 노예의 삶을 강요받는다. 이들은 여행이 극도로 제한되고 사생활이 없다. 또한 인공지능컴퓨터에 의해 모든 움직임이 낱낱이 기록된다. 이 세상이 절대권력을 가진 정치깡패들에 의해 완전한 통제를 받는 감옥이 되는 것이다. 반면 지배계급은 자연을 즐기며, 첨단 과학기술의 도움으로 초인류로 진화하여 우주를 여행하며 영생의 삶을 즐긴다.

우리는 아무리 현재가 힘들어도 미래는 지금보다 좋을 것이라는 희망을 품고 산다. 그러나 인류의 미래는 알면 알수록 희망이 없다. 현실에 안주하지도 말고, 미래에 대한 희망도 품지 말라. 인류의 미래를 이끌어 가는 소수의 특권층들은 희망적인 미래 대신 참혹한 미래를 준비하고 있다. 따라서 기존의 시스템이 아닌 완전히 새로운 대안을 마련해야 한다. 이는 소수 특권층들과의 투쟁이나 전쟁이 아니다. 그들이 신세계질서를 꿈꾸듯, 우리도 우리만의 새로운 세계를 설계해야 한다는 의미다.

창조주의 그늘에서 탈출하다
〈트루먼 쇼 Truman Show〉

드라마, 판타지 / 1998년 10월 개봉 / 102분 / 미국 / 15세 이상 관람가

감독 : 피터 위어(Peter Weir)

출연 : 짐 캐리(Jim Carrey), 나타샤 맥켈혼(Natascha McElhone),

로라 린니(Laura Linney) 등

◉ 홀로그램을 만들어 내는 두뇌

트루먼 쇼?

주인공 트루먼 버뱅크Truman Burbank는 세계적으로 유명한 트루먼 쇼Truman Show에 출현하는 배우다. 트루먼 쇼는 전 세계에서 시청하는 글로벌 TV쇼다. 각본도 없고 특수효과도 없다. 트루먼의 일상적인 삶 자체를 보여 주는 것이 쇼의 전부다.

전 세계의 시청자들이 트루먼의 탄생에서부터 첫걸음마, 첫 키스까지를 지켜보았다. 트루먼 쇼에서는 한 사람의 모든 삶이 있는 그대로 공개된다. 구석구석 숨겨진 5,000대의 카메라가 24시간 내내 그의 사생활을 촬영하고, 그것은 위성을 통해 전 세계로 방영된다. 트루먼이 사는 섬은 거대한 스튜디오다. 하늘에 떠 있는 달도 방송국이 위장한 것이다. 트루먼 쇼는 24시간 내내 광고 없이 방영된다. 대신에 방송에 등장하는 모든 상품이 광고다.

그런데 정작 주인공인 트루먼은 전 세계가 자신을 지켜보고 있다는 것을 전혀 모른다. 자신을 둘러싼 모든 것이 현실이라고 강력하게 인셉션되어 있는 것이다. 30년 동안 이것을 한 번도 의심하지 않았을 정도로 강력한 인셉션이다.

어느 날 하늘에서 조명등이 떨어진다. 하늘에서 조명등이 떨어지면 그것을 의심해볼 법하지만, 트루먼은 이를 그냥 지나친다. 의심하고 알아내려 시도했다면 좀 더 일찍 눈을 떴겠지만, 그는 30세가 되도록 그런 노력을 전혀 하지 않았다.

그를 둘러싼 모든 환경에 몰래 카메라가 설치되어 있고, 그의 일거수일투족이 모두 찍힌다. 그의 아내는 트루먼의 아내이자 광고 모델이다. 포장도 뜯지 않은 제품을 들고 광고하듯이 트루먼에게 제품 자랑을 한다. 트루먼은 왜 번번이 자기에게 그런 이상한 행동을 하는지 이해를 못한다. 그의 아내는 사실 카메라를 향해 제품을 광고하고 있는 것이다.

트루먼은 어렸을 때 바다에서 사고로 아버지를 잃었다. 그 때문에 바다를 무서워한다. 그는 피지에 가고 싶어 하지만, 바다가 두려워 가지 못한다. 그저 바다를 바라보기만 한다.

눈을 떠가는 트루먼

어느 날, 모자를 눌러쓴 중년 남자가 지나가는 트루먼을 응시한다. 무심코 지나쳤던 트루먼은 아버지를 본 것 같은 느낌에 다시 되돌아오지만, 주변에 있던 행인들이 순식간에 그 남자를 끌고 간다. 뒤를 따라가려는 그에게 난데없이 방해꾼들이 나타나고, 트루먼은 좌절한다.

어머니에게 아버지를 본 것 같다고 말하지만 어머니는 부랑자였을 거라고 둘러댄다. 아내에게 아버지를 봤다고 말하려는데, 아내의 반응도 마찬가지다. 왜 그럴까? 그 도시에 사는 모든 사람들이 사실은 배우들이다. 이들의 역할은 트루먼을 속이는 것이다. 트루먼 혼자만 이 도시가 세트장이며, 모든 이들이 배우임을 모른다. 트루먼 혼자만 연기가 아닌 실제 삶을 살고 있다. 그것이 이 쇼가 시청률이 높은 이유다.

트루먼이 홀로 지하창고에서 붉은색 스카프를 꺼낸다. 대학교 시절 트루먼은 축제에서 한 여학생을 보고 첫눈에 반하고, 자신의 본명은 실비아이며 모든 것이 가짜라는 말을 듣게 된다. 실비아는 진실을 폭로한 후, 그녀의 아버지로 자처하는 남자에게 끌려간다. 이때 실비아가 스카프를 떨어뜨리고, 그녀가 피지 섬으로 간다는 말을 듣게 된다. 트루먼이 피지에 가고 싶은 이유는 실비아를 만나기 위해서였다.

실비아를 잊지 못하는 트루먼은 스카프를 끌어안기도 하고, 잡지에서 여성의 눈만 오려서 지금의 아내 사진 위에 붙여 보기도 한다. 실비아의 눈빛을 찾아내고 싶어서다. 이 광경을 실비아가 감동 어린 눈으로 시청하고 있다.

확실히 깨어나는 트루먼

어느 날 운전 중이던 트루먼은 라디오를 통해 방송 제작자의 말을 듣게 된다. 일종의 방송사고였다. 트루먼은 갑자기 주변의 모든 사람들이 낯설고 이상하게 보이기 시작한다. 트루먼은 사람들을 유심히 관찰하기 시작한다. 늘 익숙했던 광경들, 익숙했던 사람들, 한 번도 의심하지 않았던 주변 정황들이 굉장히 어색하고 부자연스럽게 보인다. 모든 이들이 귀에 뭔가를 꽂고 있는 것 같다.

트루먼은 갑자기 한 건물로 뛰어든다. 건물에 있던 사람들은 당황하고, 건물의 엘리베이터가 카메라 장치가 있는 스튜디오임을 발견한다. 경비원들이 어리둥절해 하는 트루먼을 건물에서 끌어낸다. 트루먼은 뭔가 음모가 있으며, 자신이 갇혀 있다는 느낌을 갖기 시작한다.

트루먼은 오랜 친구인 말론에게 이곳을 떠나겠다고 말한다. 그러나 그의 비밀은 지켜지지 않는다. 하나밖에 없는 친구조차도 배우였던 것이다.

아내를 데리고 떠나려 몇 번을 시도하지만, 그럴 때마다 방해를 받는다. 결국 친구, 가족들이 모두 배우들임을 알게 된다. 그의 아버지도 죽은 것이 아니라, 트루먼을 데리고 너무 멀리 갔다는 이유로 쇼에서 퇴출당했던 것이다. 그가 갑자기 나타난 것은 다시 쇼에 출연하고 싶어서였다.

탈출을 감행하는 트루먼

TV에서 트루먼 쇼에 대한 찬반논쟁이 벌어진다. 실비아는 무슨 권리로 어린 아이를 데려가 동물원 원숭이를 만들었냐고 성토한다. 이에 대해 쇼 제작자인 크리스토프는 이렇게 말한다.

"나는 그에게 특별한 삶을 준 것이다. 그는 언제든지 원하면 스튜디오 밖으로 나갈 수 있고, 마음만 먹으면 진실을 알 수 있었다. 그러나 그는 그렇게 하지 않았다. 시도조차 하지 않았다. 트루먼은 그런 인생에 이미 익숙해져 있다."

트루먼은 30년 동안 크리스토프의 말처럼 살았다. 진실을 알려는 시도조차 하지 않았다. 그러나 이제는 다르다.

트루먼은 이제 여유가 생겼다. 자신을 둘러싼 카메라들을 알고 있으며, 태연하게 연기를 한다. 그러나 다른 이들은 그런 변화를 눈치 채지 못한다. 그리고 드디어 트루먼은 모든 카메라를 훌륭하게 피해서 잠적한다. 모든 사람이 찾아 나서지만 그의 행방은 묘연하다. 제작자는 어쩔 수 없이 방송을 중단시킨다.

바다와 물을 무서워하던 트루먼은 탈출을 위해 배를 타고 있다. 스튜디오에서는 물에 대한 트루먼의 공포를 이용하기 위해 폭풍우를 일으킨다. 그러나 트루먼은 이를 이겨내고 항해를 계속한다. 얼마를 갔을까? 끝없이 가야만 할 것 같던 항해는 괴상한 충돌음과 함께 끝이 난다. 배가 스튜디오 끝에 도달한 것이다. 하늘로 위장되어 있던 그 자리는 하늘의 영상을 비추던 영사막이었다. 트루먼이 지금껏 보았던 하늘은 영상 속 하늘이었다. 트루먼이 하늘을 손으로 만진다. 딱딱한 벽이다. 그는 미친 듯이 벽을 두들기며 절규한다. 그는 무려 30년간 이곳에 갇혀 있었다.

이제 트루먼은 계단을 따라 올라간다. 밖으로 나가는 문이 나타난다. 그 문을 열어 본다. 그때 하늘에서 제작자인 크리스토프의 목소리가 들려온다. 모든 것이 가짜지만 트루먼 자신은 진짜라며 회유한다. 그러나 그는 마지막 인사를 남기고 문밖으로 나간다. 온 세계가 환호한다. 이것으로 트루먼 쇼는 끝이 났다.

"나는 그에게 특별한 삶을 준 것이다. 그는 언제든지 원하면 스튜디오 밖으로 나갈 수 있고, 마음만 먹으면 진실을 알 수 있었다. 그러나 그는 그렇게 하지 않았다. 시도조차 하지 않았다. 트루먼은 그런 인생에 이미 익숙해져 있다." – 영화 〈트루먼 쇼〉 중에서

창조주의 감추어진 비밀

태초에 하나님이 꿈을 꾸기 시작했다

성서 〈창세기〉 1장 1절은 이렇게 되어 있다.

"태초에 하나님이 천지를 창조하시니라."

성서의 첫 번째 책, 첫 번째 장, 첫 번째 구절이 이것이다. 아주 간결하지만 성서의 모든 것을 포함하고 있으며, 모든 것을 규정하고 있다.

'태초에'라는 단어를 기독교 신학에서는 전통적으로 In the beginning, 즉 시간의 처음이라고 정의해 왔다. 그러나 이것으로는 충분치 않다. 태초가 시작인 건 맞지만 더 중요한 다른 개념이 숨어 있다.

태초는 히브리어로 '베레쉬트'다. 베는 접두어로 in, 레쉬트는 '근본이 되는 머리'의 뜻이다. 즉 우리말로는 '머릿속에'가 된다.

1장 1절은 하나님은 천지를 창조하셨는데 어디에 창조했는가를 말하고 있다. 바로 '머릿속에' 창조했다는 것이다. 무슨 뜻일까? 이

말을 쉽게 바꾸면 "머릿속에 인셉션을 했다"는 말이다. 이는 곧 꿈을 꾸기 시작했다는 말이다.

영화 〈카르고〉에서는 냉동인간들의 머릿속에 '레아'라는 신천지를 창조한다. 영화 〈매트릭스〉에서는 머릿속에 '매트릭스'라는 새로운 세계를 창조한다. 그런데 머릿속에 창조된 레아는 시뮬레이션이고, 매트릭스는 가상세계다. 그것들은 뇌세포의 자극을 통해 만들어지는 현실 같은 꿈이다. 즉, 머릿속에서 창조된 세계는 꿈이다.

하나님은 최초의 존재다. 그렇다면 누구에게 꿈을 인셉션할까? 바로 자기 자신이다. 즉, 하나님이 꿈을 꾸기 시작했다! 따라서 〈창세기〉 1장 1절은 다음과 같이 해석해야 한다.

"하나님이 천지에 관한 꿈을 꾸기 시작했다."

성서는 〈창세기〉 1장 1절부터 "모든 것은 꿈이다"라고 선언하고 있는 것이다. 따라서 천지창조, 아담과 이브, 노아의 방주, 모세와 출애굽, 다윗과 솔로몬, 예수 등 모든 것이 〈창세기〉 1장 1절에서 꾸고 있는 꿈속의 이야기다!

신이 창조했다는 천지만물은 진짜가 아니라 환상이다. 30세가 된 트루먼이 자신이 알던 세상이 스튜디오임을 알아차린 것처럼, 이 세상이 하나님의 꿈속임을 알아차린 사람에게 이 세상은 더 이상 진짜가 될 수 없다.

"땅이 혼돈하고 공허하며 흑암이 깊음 위에 있고……" (〈창세기〉 1장 2절)

이는 꿈을 꾸기 전 하나님이 처해 있는 현실이다. 하나님은 지금 깊음의 맨 밑바닥에 있는 땅이다. 깊음은 성서 용어로는 무저갱(끝이 없이 깊은 굴)이며, 과학적 용어로는 블랙홀이다. 하나님은 블랙홀의 밑바닥이라고 할 수 있다. 그곳은 혼돈하고 공허하다. 빛, 생명, 공간이 전혀 없고, 따뜻함이나 애정과 같은 감정도 없다. 어떤 형체도 가질 수 없다. 그곳은 어둡고 삭막하며, 고통스럽고 답답하다.

하나님은 자신의 불행하고 고통스러운 상황을 잊기 위해 꿈을 꾼다. 그리고 그 꿈속에서 또 꿈을 꾼다. 꿈의 단계가 많아질수록 현실의 고통이 잊힌다. 〈인셉션〉에서 사이토가 꿈의 단계가 깊어질수록 총을 맞은 고통을 덜 느끼게 되는 것과 같다. 하나님이 그렇게 8단계의 다단계 꿈을 통해 도달한 것이 지금 우리가 살고 있는 3차원의 시공간이다. 그는 이 꿈속에서 가장 이상적인 신이 되어 추앙받고 있다. 이러한 사실을 모른 채 인간들은 눈에 보이는 것이 진짜라고 믿는다.

크리스토프와 창조주

영화 속 크리스토프는 세상을 창조한 신의 상징이며, 트루먼이 살던 섬은 신이 창조한 우주를 나타낸다. 이 섬에는 해, 달, 별, 숲 등 신이 창조한 모든 것이 있다. 신이 창조한 세계의 축소판인 셈이다.

크리스토프는 전지전능하다. 섬의 어디든 다 볼 수 있고, 무슨 일이 일어나든 다 알 수 있다. 자신의 뜻대로 모든 사람들을(배우들) 움직이게 할 수도 있다. 모든 것이 그가 만든 각본이기 때문이다. 그는 폭풍우를 만들어낼 수도 있고, 성난 바다를 잠잠하게 만들 수도 있다. 그의 목소리는 온 섬에 울려 퍼지며, 신의 음성처럼 모든 것을 굴복시킬 수 있다.

그리고 여기 전지전능한 창조주 크리스토프의 독생자, 트루먼 버뱅크가 있다. 그가 태아 때부터 30세의 어른이 되기까지, 창조주의 눈동자(카메라)는 항상 그를 지켜봤다. 그가 자는 동안에도 창조주의 눈동자는 그를 지켜봤다. 그의 일거수일투족, 말 한마디까지도 창조주는 모두 보고, 듣고, 꿰뚫고 있었다.

트루먼에게는 육신의 부모가 있었으나, 그들은 부모다운 부모가 아니었다. 그들은 크리스토프의 독생자를 보살피기 위한 보모에 지나지 않았다. 트루먼은 크리스토프의 뜻에 따라 임신되었고 태어났으니, 그는 인간의 아들이 아닌 신의 아들이었다.

창조주는 자신의 독생자를 위해 아름답게 꾸민 섬을 준비했다. 그곳은 오로지 독생자를 위해 만들어졌다. 그곳에서 나서 자라는 풀 한 포기, 나무 한 그루, 사람 하나까지도 오로지 독생자를 위해 존재한다. 그는 모든 것의 중심이었고, 모든 것이 존재하는 이유였다. 트루먼은 이 모든 환경을 만들어준 창조주에 대해 아무런 의심도 없었다.

때로 창조주는 독생자가 자신의 뜻대로 살지 않으면 가차 없이

제재를 가하는 엄한 아버지이기도 했다. 트루먼에게는 섬을 나가
는 것, 심지어 멀리 나가는 것도 금지되었다. 그것을 어기려 하면
여러 가지 상황들이 불편해지곤 했다.

전 세계인의 우상, 트루먼

트루먼은 전 세계인의 우상이었으며, 예수와 다를 바 없었다. 세
계 거의 모든 사람이 그를 알고 있었다. 그가 어떻게 태어났는지,
언제 첫 키스를 했는지, 붉은색 스카프에는 어떤 사연이 있는지 등
을 모두 알고 있었다. 그가 TV에 나오는 시간이면 마치 예배라도 드
리듯 모두 TV 앞에 모여들었다. 사람들은 트루먼 없이는 살아가는
재미가 없을 정도였고, 트루먼교라는 종교의 신도들 같았다.

크리스토프는 왜 독생자를 만들었을까? 그것은 바로 돈 때문이
었다. 독생자 트루먼이 세상 사람들의 우상이 되자, 크리스토프에
게는 엄청난 돈이 들어왔다. 그 돈은 트루먼 덕분에 들어오는 것이
었으나, 트루먼은 그런 돈의 존재를 전혀 몰랐다. 크리스토프가 모
두 가로챘기 때문이다.

트루먼은 30살이 되자 철이 들었고, 뭔가를 조금씩 깨닫기 시작
했다. 그리고 자기가 해야 할 것을 알아차렸다. 그가 30년 만에 깨
달은 사실은 충격적이었다.

하늘의 해는 조명등이었고, 밤하늘의 달은 방송국 스튜디오였다.

하늘은 돔으로 된 스튜디오의 천정이었다. 끝없이 펼쳐질 것 같았던 바다도 가짜였다. 자기 자신을 제외한 모든 것이 가짜였다. 그가 알고 있던 세계, 우주는 크리스토프가 만들어낸 허구였다.

그는 계속 그곳에 남아서 인기를 누리며 살 수도 있었지만, 과감하게 스튜디오 밖으로 나갔다. 그의 나이 30세였다. 예수가 공생애_{公生涯}를 시작했던 바로 그 나이였다. 그는 쇼를 끝냈다.

예수의 각성

에덴 동산에는 선악과가 있었다. 신은 절대 그것을 먹지 말라고 명했다. 선악과는 아담을 가두고 있는 벽이었다. 그 벽을 넘으려는 시도만 하지 않으면 아담에게는 모든 것이 허락되었다. 심지어 영원히 살 수도 있었다. 다만 에덴의 감옥 안에서만 영원히 사는 조건이었다. 그러나 아담은 과감히 선악과를 먹음으로써 금기의 벽을 넘었다. 그는 곧바로 창조주의 거짓말을 깨달았다. 그는 에덴이 세상의 전부인 줄 알았으나 사실은 자기를 가두기 위해 마련된 감옥이었다.

에덴의 그 많던 과일들은 현실에 눈뜨지 못하게 하는 마취제였다. 인자한 아버지인 줄 알았던 신은 두 눈을 부릅뜬 채 항상 아담을 감시하고 있었다. 이 모든 것을 알게 된 아담은, 트루먼이 그랬듯이 에덴을 탈출한다. 우리는 이런 사람을 가리켜 '자신을 구원한 사람', 즉 '예수'라 부른다. 예수는 먼저 자신을 구원한 사람이다. 자신도 구원하지 못하면서 어떻게 타인을 구원할 수 있겠는가? 그 탈출을 통해 아담은 예수로 거듭났던 것이다.

트루먼은 현대판 예수다. 예수가 30세에 큰 깨달음을 얻어 세상으로 나갔듯이, 트루먼도 그랬다. 예수는 종교적 도그마라는 굴레를 벗어던졌다.

신은 예수에게 우주를 만들어 주었다. 우주만큼 큰 집을 일찍이 누가 가져 봤겠는가? 우주는 예수를 위해 신이 마련한 에덴이었고 배려였다. 그러나 예수에게도 한 가지 금기가 있었다. 우주 밖으로 나가서는 안 된다는 것이었다. 우주가 제아무리 광활하다 해도 이것은 분명 감옥이었다.

그는 30살이 되도록 창조주의 품에서만 생활했다. 그러나 30살이 되면서 모든 것을 깨달았다. 창조주가 만들어준 이 세상은 실재가 아니었다. 허상이고 꿈이었다. 창조주 아버지도 가짜였고, 우주도 가짜였다. 모든 것이 가짜였다. 그는 철저하게 속고 있었다. 그는 광대에 불과했다. 그래서 탈출을 감행했다. 우주 밖으로 나가는 문은 물리적 공간에 있는 것이 아니라, 바로 그 자신에게 있었다. 그는 거짓의 울타리를 넘었고, 모든 것을 깨달았다. 그가 지금 살아 있다면, 그는 결코 종교 사기꾼들의 편에 서서 인자한 웃음을 파는 표리부동한 광대는 되지 않았을 것이다.

창조주의 감추어진 비밀

'하나님'이라는 용어가 하나의 대상만을 지칭한다는 고정관념에서 벗어나야 한다. 하나님이라는 용어는 고유명사가 아닌 보통명사다. 어떤 신에 대해서든 쓸 수 있는 명칭이다. 기독교인은 여호와 하나님을 믿고, 이슬람교인은 알라를 하나님으로 믿는다. 중요한 것은 호칭이 아니라 본질이다. 당신이 믿는 하나님의 본질이 무엇인지 알아야 한다.

성서에는 천지를 창조한 신의 이름이 밝혀져 있다. 〈요한계시록〉 9장 11절에는 무저갱의 왕이 어떤 이름을 가졌는지가 다음처럼 기록되어 있다.

"그들에게 왕이 있으니, 히브리어로는 그 이름이 아바돈이요, 헬라어로는 그 이름이 아볼루온이더라."

아바돈 혹은 아볼루온이 창조주의 본명이며, 가장 원초적이고 포장되지 않은 이름이다. 무저갱은 블랙홀을 의미하는 성서적인 표현이다. 빛과 정의로움과 사랑으로 포장된 채 아바돈의 반대편에 자리한 여호와는 아바돈이 꿈꾸는 자신의 이상형이다. 현실에서는 아바돈이지만 꿈속에서는 여호와다. 아바돈과 여호와는 둘이 아닌 하나다. 신과 악마는 둘이 아닌 하나다. 그러므로 창조주를 숭배하는 것과 악마를 숭배하는 것은 동일하다.

왜 에덴 동산에는 생명나무와 선악나무가 함께 있어야 했는지, 그곳에 왜 신과 뱀이 같이 등장해야 하는지, 왜 선을 찾는 본성과 악에 끌리는 본성이 늘 공존하여 그 사이에서 싸워야 하는지 등에 대한 의구심은 신과 악마가 처음부터 하나라는 것을 통해 쉽게 이해된다.

여호와는 살아 있는 사람의 하나님이다.

"여호와는 죽은 자의 하나님이 아니요 살아 있는 자의 하나님이니라."(〈마태복음〉 22장 32절)

살아 있는 사람은 여호와에게 소속되지만, 죽으면 소속이 바뀐다. 죽음이란 꿈에서 깨어나 현실로 가는 행위다. 그 현실을 사후 세계라 하고, 아바돈이 통치한다.

아바돈은 여호와의 반대편에서 반대의 속성을 가진 여호와 자신이다. 그는 어둠과 흑암의 신이다. 따라서 사람의 생과 사는 극단적으로 다른 정반대의 환경이다.

트루먼처럼 박차고 나가라

트루먼은 인셉션되어 있던 모든 굴레를 벗어던졌다. 그가 섬이라고 생각했던 거대한 스튜디오는 그에게 심어진 인셉션의 총화였다. 아직도 종교적 도그마에 사로잡혀 있는 사람들은 이러한 섬에 갇혀 살고 있는 셈이다.

트루먼처럼 탈출하는 사람이 생기면, 그 섬에 갇힌 나머지 사람들도 섬에서 벗어날 수 있다. 그러면 섬 자체가 해체된다. 이제 그런 일이 종교에서도 일어나야 한다.

당신이 알고 있는 자신의 세계를 그림으로 최대한 자세히 표현해 보라. 그리고 그 그림에 'OOO의 세계'라고 이름을 붙여 보라. 그것이 당신의 돔이며, 당신의 스튜디오, 즉 당신에게 인셉션된 세계관이다.

당신은 지금 그 속에서 쇼를 하고 있다. 그렇지 않다고? 그럼 아직 '밖'으로 나갈 때가 안 된 것이다. 그러나 트루먼처럼 나가겠다는 용기가 있다면 한번 도전해 보라. 그처럼 박차고 밖으로 나가 보라! 그러면 당신도 예수가 된다.

천지를 창조한 신은 가짜 신이다. 인류는 아직 진짜 신을 만나본 적이 없다. 진짜 하나님은 천지를 창조하지 않는다. 천지를 창조하는 것은 꿈을 꾸는 것인데, 진짜 하나님은 꿈을 꿀 이유가 없기 때문이다. 꿈이란 자신에게 부족한 것을 표현하는 것이다. 진짜 하나님에게는 아무것도 부족한 것이 없다. 따라서 더 나은 어떤 것을 꿈꿀 필요가 전혀 없다. 진짜 하나님은 언제나 완벽한 현실, 최상의 '지금'을 누린다. 그런데 진짜 하나님의 모습은 종교적 속임수에 가려져 있다. 바벨탑을 허물어야 진짜 하나님이 보인다. 하나님에 대한 오해와 편견의 바벨탑을 무너뜨려야 참이 나타난다. 창조는 허상이고 꿈이다. 창조는 부족한 것을 채우려는 어둠의 신이 무의식적으로 치는 몸부림이다. 이제 트루먼처럼 가짜 세계를 인식하고 진실을 향해 걸어 나가야 한다.

꿈의 미로에서 탈출하다
영화 〈매트릭스The Matrix〉

SF, 액션 / 1999년 5월 개봉 / 136분 / 미국 / 12세 관람가

감독 : 앤디 워쇼스키(Andy Wachowski), 래리 워쇼스키(Larry Wachowski)

출연 : 키아누 리브스(Keanu Reeves), 로렌스 피쉬번(Laurence Fishburne),

캐리 앤 모스(Carrie-Anne Moss) 등 (이상 〈매스릭스 1〉 기준)

탈출을 위한 세 번의 블랙홀 – 각성, 트레이닝, 전쟁

시온은 신인神人들의 도시, 신시神市다. 그런데 시온에게는 네오라는 머리가 필요하다. 이는 성서에서 예수를 머리로, 교회를 몸으로 비유한 것과 같다. 아테네가 디오니소스와 결혼한 것처럼, 네오와 시온은 결혼한 사이다. 네오가 성장하면 시온도 성장하고, 네오가 승리하면 시온도 승리한다. 네오가 시온이고 시온이 네오다. 그래서 네오는 시온을 위해 목숨을 건다.

영화의 주인공 네오는 메시아다. 몸이 탄생했다면 이제는 내면의 '그the One'가 태어나야 한다. 당신에게 있는 '그'가 각성하여 거듭나면 당신이 바로 메시아다.

그러나 이런 네오조차도 시스템의 일부며, 설계자의 통제에 놓여 있다. 원래 네오의 역할은 시온이 멸망하는 시점에 매트릭스에 침투하여, 시온을 재건할 수 있는 사람들을 선택하는 것이다. 설계자는 시온이 사라지는 것을 원치 않는다. 이런 식의 역사를 벌써 다섯 번이나 반복해 왔고, 네오는 여섯 번째 '그'다.

네오는 환생을 한다. 당신 속에 있는 '그'가 바로 네오다. 영화는 네오라는 캐릭터를 통해 당신의 '그'를 보여 준다. '그'는 환생을 해 왔다. 이번 생이 '그'의 첫 번째는 아니다. '그'는 육체를 바꿔 가며 과거의 다른 시대에도 존재했다. 그리고 지금 당신의 내면에서 재생의 날을 기다리며 잠들어 있다.

네오의 위대한 점은 설계자를 뛰어넘었다는 것이다. 네오는 설계자가 도달하지 못한 영역에 도달했으며, 설계자의 영역에 속하지 않는 새로운 세계로 도약했다. 네오는 이전의 누구도 하지 않았던 시도를 했고, 목숨을 바쳐 자신의 선택을 지켰다. 그래서 그는 우리 모두의 모델이다.

네오는 우리의 '혼'을 대변한다. 우리 내면의 네오는 세 번의 블랙홀을 통과하는데, 이는 영화와 더불어 우리 현실에서도 일어날 것이다.

첫 번째로 통과할 블랙홀은 각성 단계로, 육체에서 벗어나는 과정이다. 몸에서 벗어나지 못하면 자신의 네오를 제대로 볼 수 없다. 현재의 육체가 네오를 가리고 있기에, 1차적으로 육체를 탈피하는 과정이 필요하다.

두 번째로 통과할 블랙홀은 내면의 네오를 단련시키는 트레이닝 코스다. 내면의 네오에게는 보고 듣고 느낄 수 있는 감각이 있다. 육체보다 예민하고 생생한 감각들을 동원하여 새로운 존재감을 찾아야 한다. 혼을 추상적인 개념으로 알고 있다면 이제 인식을 바꿔야 한다. 혼은 저 너머에 있는 당신 자신이다.

세 번째로 통과할 블랙홀은 내면의 네오가 치를 전쟁이다. 네오는 매트릭스에 갇혀 있고, 이곳을 벗어나려면 치열한 전쟁을 치르고 승리해야 한다.

자, 지금부터 영화 속 네오가 겪는 각성, 트레이닝, 전쟁의 단계
들을 통해, 당신 내면의 네오가 겪을 블랙홀로 들어가 보자.

⦿ 첫 번째 블랙홀, 네오의 각성

1단계 트리니티의 등장

영화가 시작되면서 화면에는 수많은 숫자와 코드들이 위에서 아래로 흘러내린다. 그 숫자들 중 제로, -0이 클로즈업 되고, 카메라는 그 속으로 터널을 통과하듯 깊숙이 파고든다. 그리고 그 끝에 경찰관의 손에 들린 랜턴의 불빛, +0이 있다. -0은 이쪽 세상에 있고, +0은 저쪽 세상에 있다. 이쪽에서는 숫자일 뿐인데, 저쪽에서는 랜턴의 불빛이라는 구체적인 사물이다. -0의 세계는 현실이고, +0의 세계는 매트릭스 공간이다.

트리니티와 사이퍼가 통화하고 있고, 이 통화는 감청되고 있다. 사이퍼는 트리니티와의 통화에서 일부러 '네오'라는 이름을 꺼내 AI(Artificial Intelligence, 인공지능 컴퓨터) 요원들(이하 요원들)에게 정보를 흘린다. 트리니티가 통화를 한 곳은 한 호텔의 303호다. 303은 33세에 죽음과 부활을 경험한 예수의 코드다. 〈매트릭스〉 1편 마지막 장면에서 네오는 이곳에서 죽음과 부활을 경험한다(그는 트리니티의 사랑을 통해 죽음에서 부활한다).

트리니티는 -0의 세계(현실계)에서 +0의 세계(가상계)로 침투해 들어온 인물이다. 사이퍼와의 통화로 위치가 노출된 그녀는 요원들에게 쫓기다, 전화선을 통해 가상세계인 매트릭스에서 사라진다. 트리니티를 놓친 요원들은 네오를 찾기 시작한다. 그를 미끼로 모피어스를 찾아내기 위해서다. 모피어스는 저항군의 리더다.

매트릭스 공간은 꿈속이다. 이 꿈에서 깨려면 현실계에서 누군가 꿈속으로 들어와야 한다. 트리니티는 사람들을 꿈에서 깨우는 임무를 띠고 꿈속으로 들어왔다. 위기에 처한 그녀는 전화선을 타고 현실세계로 복귀한다(전화선은 매트릭스에서 현실세계로 존재를 전송하는 유일한 통로다).

트리니티의 정체는 신비롭다. 네오를 구하기 위해 접근했다가 그와 사랑에 빠진다. 그녀는 네오를 성장시키는 견인차 역할을 한 후, 마지막 관문은 네오 스스로 통과하게 한다. 트리니티는 네오의 여정을 이끄는 리더이자 연인이며, 동반자다.

2단계 트리니티와의 만남

네오는 낮에는 회사원 앤더슨으로, 밤에는 해커 네오로 이중생활을 한다. 어느 날 그의 컴퓨터에 트리니티가 접속한다. 그녀의 지시를 따라 클럽에 간 네오는 트리니티와 운명적인 첫 만남을 갖는다. 여기에서 그녀는 요원들이 네오를 추적하고 있음을 알려 준다.

네오는 당신의 본질이며 진아眞我다. 자신의 네오를 깨우고 싶다면 트리니티를 만나야 한다. 우리는 트리니티와 같은 존재를 소울닥터soul doctor라 부른다. 트리니티와 같은 소울닥터를 만날 확률은 얼마나 될까? 자신의 네오를 일깨우고 성장시키기고 싶다면, 네오처럼 현실에 의문이 들고 궁금증에 목이 마르다면, 그러한 목마름이 당신을 소울닥터에게 안내할 것이다. 그런 목마름이 없다면 소울닥터는 쉽게 만날 수 없다.

3단계 당신의 각성을 방해하는 힘들

요원들이 네오의 사무실로 찾아오고, 그 시점에 마침 네오는 전화기가 든 소포를 배달받는다. 그리고 전화기가 울린다. 모피어스로부터 온 전화였다(모피어스와 네오의 첫 만남도 전화로 이루어진다). 그러나 결국 네오는 요원들에게 붙잡힌다. 요원들은 모피어스가 네오와 접촉하려 함을 알고, 그의 몸속에 벌레처럼 생긴 추적장치를 넣는다.

네오는 꿈에서 깨어나고, 그는 뱃속으로 벌레가 들어간 것이 꿈이라고 생각한다. 요원들이 그의 기억 일부를 지웠던 것이다.

우리는 자신도 모르는 채 통제와 감시를 받는다. 그 통제와 감시는 신들에 의한 것이다. 신들은 자신들의 통제에서 쉽사리 놓아주지 않는다. 혹시 종교를 바꿔본 경험이 있는가? 종교를 바꾸는 시점에는 반드시 신들의 저항이 작용한다. 신들끼리 영역싸움을 벌이기 때문이다. 그러나 종교를 바꾸는 것도 매트릭스 안에서는 수평적인 이동에 지나지 않는다.

이제부터는 수직적으로 이동해야 한다. 그래야 매트릭스를 벗어날 수 있다. 우리가 수직으로 이동할 경우, 매트릭스 내의 모든 신들이 긴장하고 동요하기 시작한다. 요원들이 각성하려는 네오를 끊

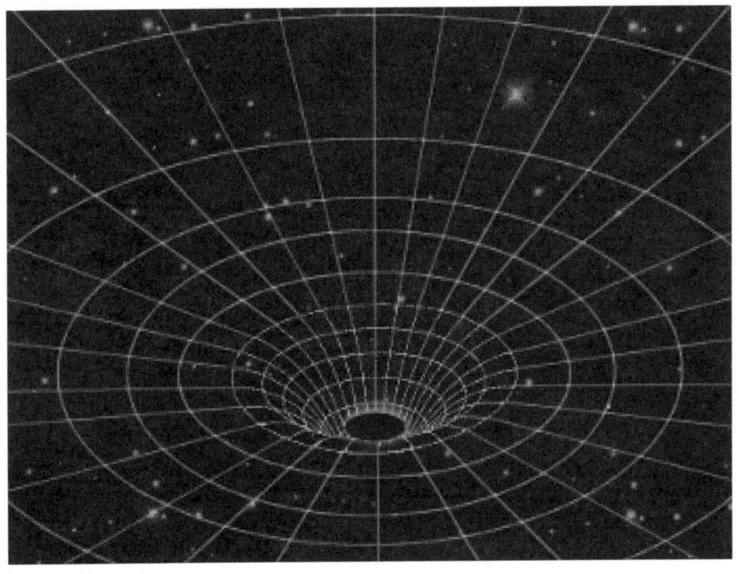

블랙홀이란 진화의 마지막 단계에서 자체 중력에 의해 스스로 붕괴되어 강력하게 수축함으로써 엄청난 밀도와 중력을 갖게 된 천체를 말하며, 주변의 다른 천체를 끌어들인다.

임없이 방해하는 것이 그것이다. 그러나 의지만 있다면 소울닥터가 당신을 도울 것이다.

4단계 인셉션된 벌레를 제거하라

네오는 모피어스를 만나기 위해 그의 지시대로 어떤 다리로 간다. 그곳에는 트리니티 일행이 기다리고 있다. 그들은 네오의 몸속에서 벌레를 꺼내 차창 밖으로 버린다. 네오는 벌레가 꿈이 아닌 실제였다는 사실에 매우 놀란다. 그들은 네오를 모피어스가 있는 곳으로 안내한다.

우리에게도 매우 강한 벌레가 인셉션되어 있고, 그것은 의식 속에서 꿈틀거린다. 그 벌레는 의식에 심어진 생각이나 관념을 상징한다. 벌레는 당신에게 인셉션되어 있는 과거의 정보들이다. 당신의 의식을 점령하는 잘못된 정보는 뇌세포에 파고든 벌레와 같다. 따라서 의식의 각성은 우리에게 주입된, 즉 인셉션된 벌레를 제거하는 것부터 시작해야 한다.

벌레를 제거하는 것은 먼저 현실을 부인하는 것에서 출발한다. 즉, 당신이 믿고 있는 것들에 대한 부정부터 시작해야 한다. 소울닥터가 당신을 도울 것이다. 자신을 부인한다는 것이 괴롭고 싫겠지만, 그래야만 진실에 접근할 수 있다.

5단계 선택은 당신의 몫이다

모피어스는 네오에게 파란 약과 빨간 약을 내밀고, 둘 중 하나를 선택하게 한다. 빨간 약을 먹으면 가상세계에서 현실세계로 깨어나게 되고, 파란 약을 먹으면 모피어스를 만난 기억이 지워진 채 매트릭스에서 예전처럼 살게 된다. 꿈에서 깨어날 것인가 아닌가는 본인의 선택이다. 선택에 따라 결과는 크게 달라지고, 그 결과는 본인이 감수해야 한다. 한 번의 선택이 갈 길을 영원히 바꿔 놓는다. 네오는 빨간 약을 선택하고, 꿈에서 깨어나기로 결심한다.

당신의 네오를 깨울 것인가 아닌가는 당신의 선택이다. 선택은 한 번뿐, 선택 후에는 되돌릴 수 없으며 그 선택에는 책임이 따른다. 자신의 선택이 어떠한 결과를 빚더라도 그것을 감수하겠다는 의지가 필요하다. 어떤 선택을 하든, 이후의 당신은 이전과는 전혀 달라진다. 이 영화에서 모피어스는 이 세계가 꿈임을 깨달은 사람, 붓다의 모델이다.

6단계 거울을 통과하는 네오

빨간 약을 먹은 네오는 뭔가에 이끌리듯 거울을 쳐다본다. 거울은 마치 물에 흠뻑 젖은 것처럼 액체가 된다. 네오가 손을 대자 손끝에 액체가 묻어난다. 그 액체는 네오의 팔을 타고 흐르더니 온몸을 집어삼킨다.

여기서 거울은 다른 차원으로 통하는 문이다.《이상한 나라의 엘리스》에서 주인공은 거울을 통해 다른 세계로 들어간다. 그러나 이 영화에서 중요한 것은 네오가 거울 속으로 들어간 것이 아니라, 거울이 네오를 집어삼켰다는 것이다. 이는 네오가 홀로그램적 존재라는 암시다.

홀로그램 세계에서는 그림자를 보고 사람을 그리는 일이 가능하다. 2차원 거울이 진짜고, 3차원 네오는 가짜다. 거울은 매트릭스의 암호와 코드를 상징한다. 그리고 네오는 그 코드로 만들어진 허상의 홀로그램이다. 거울이 주체고, 네오는 그림자다. 네오가 넘어간 거울 너머의 세계는 진짜 현실이다. 이제 네오는 꿈에서 깨어나 현실을 보게 된다.

당신이 꿈에서 깨어나기로 결정했다면, 소울닥터는 당신의 모습을 거울에 비춰줄 것이다. 지금까지 거울이 보여 주는 것은 육체뿐이었다. 이제는 거울에서 진실한 자신의 모습을 느끼게 된다. 육체 너머 진실의 세계가 느껴지기 시작할 것이다. 그것은 새롭게 깨어나는 감각이다. 육체의 거울 저편에서 무언가가 살아 꿈틀거리고, 솟구치고, 회전하고, 약동하고 있음을 느끼게 될 것이다. 이는 그동안 잠자고 있던 당신의 진정한 본질이 반응하는 것이다.

7단계 매트릭스에서 깨어나다

다음 순간 네오는 달걀 모양의 붉은색 인큐베이터 안에서 알몸 상태로 깨어난다. 매트릭스의 꿈에서 깨어난 것이다. 네오는 진짜 현실의 자기를 발견한다. 지금까지 이 붉은색 용기 안에서, 온몸에 코드들을 잔뜩 꽂은 채 잠자고 있었던 것이다. 네오는 인큐베이터 밑에 뚫려 있는 배수관을 통해 물이 가득 찬 수조에 떨어진다. 산도를 통한 아이의 해산처럼, 네오는 새롭게 태어난 것이다.

네오가 잠을 깬 곳은 무수히 많은 인큐베이터들이 있는 곳이며, 여기는 거대한 인간 배양소다. 수십억 인류는 깨어난 적이 없기 때문에 잠들어 있음을 모른다. 그곳에서 현실 같은 꿈을 꾸고 있다. 이것이 전 인류의 상황이며, 네오도 그중 하나였다. 그러나 이제 네오는 꿈에서 깨어나 현실에 눈을 뜬다.

육체와 별개로 존재하는 '나'의 실체를 보기 시작하는 것이 각성이다. 강 이편에서 강 저편으로 나의 의식이 머무는 자리가 이동한다.

8단계 감옥 밖으로 나오다

의식을 잃은 채 물 위에 뜬 네오는 로봇의 손에 의해 밖으로 옮겨지고, 이후 느브갓네살 호로 옮겨진다. 느브갓네살 호는 모피어스가 함장으로 있는 우주선이다. 네오는 1999년(가상계)에서 2199년(현실계)으로 옮겨진다. 그는 느브갓네살 호에서 치료를 받는다. 그의 몸은 한 번도 사용된 적이 없다. 인큐베이터 속에서 웅크린 채 깊은 잠에 빠져 있었기 때문이다. 그래서 그의 몸은 약해질 대로 약해져 있다. 모피어스 일행은 그를 극진히 치료하여 회복시킨다.

느브갓네살은 구약성서 〈다니엘서〉에 등장하는 바벨론 왕의 이름이다. 느브갓네살은 숫자 7과 깊은 연관이 있다. 느브갓네살 왕은 한때 왕위에서 쫓겨나 소처럼 풀을 먹고, 추운 데서 이슬을 맞는 등 고난의 야인생활을 7년간 한다. 그 7년이 있은 후 다시 왕으로 돌아올 수 있었다.

느브갓네살 호는 네오 앞에 놓인 일곱 개의 테스트가 결코 쉽지 않은 고난의 여정이 될 것임을 암시한다. 일곱 번의 시험과 한 번의 영광, 이것이 블랙홀을 탈출하는 공식이다. 세 번의 블랙홀 모두 7+1=8, 각 8단계의 과정이 진행될 것이다.

◉ 두 번째 블랙홀, 영혼을 위한 트레이닝

1단계 매트릭스의 미로에서 탈출하는 법

모피어스를 비롯한 해커들은 머리에 플러그를 꽂아 매트릭스에 접속한다. 그들의 몸은 의자에 누워 있지만, 매트릭스 내에서는 많은 활동을 한다. 매트릭스에서 살아가는 다른 인간들도 마찬가지다. 몸은 인큐베이터에 있지만 가상세계인 매트릭스에서는 실제와 똑같은 삶을 산다. 따라서 매트릭스에서 자유로우려면 신체가 아닌 마음으로 사는 법을 터득해야 한다.

원하는 대로 이룰 수 있다고 주장하는 책들이 많이 팔리는 것도 마음으로 사는 법을 가르치기 때문이다. 이런 책들은 마음의 눈으로 현실을 보게 한다. 극소수의 사람들은 책에서 가르치는 대로 성공한다. 이들은 이 세상이 홀로그램이고 꿈속이기에, 마음먹기에 따라 환경을 변형시키는 방법을 터득한 것이다. 그러나 대부분의 사람들은 실패한다. 꿈에 깊이 빠져 있기 때문이다.

매트릭스에서 함선으로 되돌아오려면 지정된 장소에서 유선전화 수화기를 통해야 한다. 전화선을 타고 매트릭스에서 현실세계로 돌아오는 것이다. 매트릭스 안에는 밖으로 나가는 통로가 없고, 밖에서 안으로 신호를 보내 줘야 한다 .

영화 속에서는 탱크라는 인물이 현실계에서 매트릭스로 전화신호를 보낸다. 그 신호에 접속해야 밖으로 나올 수 있다. 네오는 이것을 훈련받는다.

제2부에서 살펴본 영화 〈노잉〉에 등장했던 '소리'는 밖에서 안으로 보내는 구조신호다. 그 소리에 접속하는 사람만 구출된다. 복잡하게 얽힌 꿈의 미로에서 탈출하려면 우주 밖에서 보내오는 구원의 신호에 접속해야 한다. 전화선을 타고 매트릭스에서 현실로 이동하는 것처럼, 지금도 밖에서 보내오는 신호에 접속하면 꿈에서 깨어날 수 있다. 그 소리의 신호는 미세하고 가느다란 신비의 라인line, 미드라인이다(미드라인에 대한 자세한 내용은 제1부를 참조).

첫 번째 트레이닝은 이 미드라인의 신호를 읽고 반응하는 훈련이다. 네오는 미드라인을 통해 밖에서 주어지는 새롭고 신비로운 에너지를 공급받는다.

2단계 창조 훈련

컨스트럭터라 불리는 로딩 프로그램이 있다. 이곳은 무엇이든 로

딩, 즉 만들어낼 수 있다. 옷, 장비, 무기, 훈련 시뮬레이션 등 필요한 모든 것을 로딩한다.

컨스트럭터는 창조의 공간이다. 이곳에서는 공간 이동도 가능하고, 원하는 이미지로 자신을 변신시킬 수도 있다. 네오는 이곳에서 생각으로 원하는 것을 만드는 훈련, 즉 창조자의 수업을 받는다.

잠들어 있던 네오가 각성하면 상대적으로 육체는 잠든다. 육체가 잠든다는 것은 실제로 잠을 잔다는 것이 아니다. 육체의 감각이 아닌, 각성된 네오의 감각으로 산다는 의미다. 각성된 네오가 느끼는 감각은 육체가 맛볼 수 없는 자유와 해방, 희열과 기쁨이다.

영화 〈아바타Avatar〉에서는 다리를 쓸 수 없던 퇴역해병이 자신의 아바타를 통해 강인하고 매력 넘치는 용사로 거듭난다. 누구나 자신의 네오가 각성되면 육체가 아닌 네오의 힘으로 살아가게 된다. 아바타를 통해 해방을 맛보는 영화 속 주인공처럼 말이다.

단어만으로도 그 단어의 에너지가 전달된다. 사람을 떠올리면 그 사람의 에너지가 전달되고, 사물을 생각하면 그 사물의 에너지가 전달된다. 아바타는 육체가 아니며, 따라서 생각이나 말만으로도 원하는 세계를 만들어낼 수 있음을 알아야 한다.

3단계 과거로부터 자유로워지기

네오는 매트릭스의 실체와 자신이 잠들어 있던 곳을 알게 된다.

매트릭스는 신경 상호작용 시뮬레이션이다. 한마디로 꿈나라다.

현실 속의 지구는 이미 황폐해 있다. 인류와 AI(인공지능 컴퓨터기계)가 벌인 전쟁의 결과다. 과거 인류의 생존은 전적으로 기계에 의존하고 있었고, 기계들은 태양에서 에너지를 얻었다.

인류는 에너지 원천인 태양이 없으면 기계들이 멸망할 것이라 생각하여 하늘을 불태웠다. 이에 기계들은 태양을 대신하여 인간을 새로운 에너지원으로 삼았다. 인체는 120볼트 이상의 전기를 발생하며, 체열은 25,000BTU(파운드에 의한 열량 단위로, 1BTU는 0.252kcal 다)가 넘는다. 기계들은 인간을 정복하여 인큐베이터에 가둔 후, 평생 잠만 자는 특수약물을 주입했다. 그리고 인간의 몸에서 핵융합에 필요한 생체에너지를 얻어 냈다.

인간이 기계가 사용하는 건전지가 된 셈이다. 인간은 태어나는 것이 아니라, 그들에 의해 재배되고 사육되었다. 죽은 자는 액화시켜 산 자에게 양분으로 공급된다. 기계들은 무서울 정도로 빈틈 없이 인간을 통제했다.

매트릭스는 컴퓨터가 만들어낸 가상공간 프로그램이다. 그것을 인간의 뇌에 입력하면 현실 같은 꿈을 꾸게 된다. 동일한 프로그램을 모든 사람의 뇌세포에 입력하기 때문에 동일한 가상의 시공간을 공유한다. 그러나 자신이 꿈을 꾸고 있음을 자각할 수는 없으며, 자신들이 경험하는 것들 외에 다른 현실이 존재한다는 것은 생각조차 할 수 없다.

현재 시간은 2199년이지만, 매트릭스 안의 시간은 1999년이다. 뇌를 지배당한 인간은 평생 뇌에서 만들어 내는 시뮬레이션 환상 속에서 산다. 꿈속에서도 인간의 뇌는 AI의 철저한 통제를 받는다.

꿈속에서 보고 듣고 느끼는 모든 것들이 그들의 검색 엔진에 계속해서 모니터링되고, 인간의 기억 또한 그들에 의해 입력되고 삭제된다. 이 모든 사실을 알게 된 네오는 고통스러워한다.

사람은 태아 때부터 수많은 에너지의 영향 아래 노출된다. 부모로부터 받은 기운, 가정의 분위기, 집의 환경, 사는 동네, 유치원, 학교, 선생님, 친구 등 얽히고설킨 환경 속에서 살아간다. 모든 인물, 모든 환경마다 특유의 에너지가 있고, 그런 에너지들이 어릴 때부터 차곡차곡 쌓인다.

그리고 어떤 에너지를 더 많이 받았는가에 따라 인생의 방향이 달라진다. 그러나 문제는 그 에너지들이 하나같이 우리를 억누르는 무게라는 것이다. 목욕을 통해 벗겨지지도 않고, 운동을 통해 배출되지도 않는다. 육체가 아닌 다른 차원에 속하는 무게이기 때문이다. 네오는 그 무게의 중압감을 짊어지고 살아왔다.

자신의 과거를 털어 내는 것이 이번 트레이닝의 목표다. 과거로부터 쌓여온 감정적인 앙금이나 아픔을 치유하고 봉합하는 것이다. 과거로 인해 고통 받고 있다면 그것을 끊어야 한다. 과거로 인해 쌓인 무게들을 털어 내고, 네오를 최대한 가볍게 만들라. 당신의 네오는 더 높은 곳으로 올라가야 하므로 밑에서 잡고 있는 무게를 최대한 제거해야 한다.

4단계 네오의 뇌에 전투 프로그램 입력

자신의 아바타를 창조하고 과거로부터 자유로워진 네오는 본격적으로 전투훈련에 돌입한다. 각종 무술과 전투기술을 직접 몸으로 익히는 것이 아니라, 프로그램을 네오의 뇌에 입력한다. 매트릭스 공간은 뇌가 만들어 내는 가상현실이기 때문이다. 따라서 뇌에 입력된 지식이 곧 실재가 되며, 뇌만 잘 이용하면 신체를 마음대로 움직일 수 있다.

전투는 하늘에 있는 신들과의 영적 전쟁이다. 그렇기 때문에 신들을 제압할 수 있는 수준 높은 전투능력을 갖춰야 한다. 이 훈련을 통해 당신의 네오는 가동범위가 훨씬 넓어진다. 더 강해지고, 더 용맹해진다.

5단계 모피어스와의 대련을 통해 강해지다

컨스트럭터 공간에서 네오와 모피어스가 대련한다. 처음에 네오는 모피어스를 당해 내지 못하다가, 서서히 자신의 힘을 인식하고 의지대로 몸을 다스린다. 네오는 점점 속도가 빨라지며, 나중에는 모피어스를 능가한다. 매트릭스에서 요원들과의 싸움은 몸을 통한 싸움이 아니다. 시간과 공간, 육체를 초월한 신들의 전쟁이다. 그 싸움의 룰에 익숙해져야 한다.

모피어스 : 내가 빠르거나 힘이 센 게 내 근육의 힘일까? 여기서? 네가 공기를 마신다고 생각해? 생각하지 말고 너 자신을 알아차려. 이건 네 마음을 풀어 주려는 거야. 나는 문까지만 안내할 수 있지. 나가는 건 네가 직접 해야 돼.

당신의 의식은 육체에서 네오로 확실하게 전이된다. 영화 〈아바타〉의 결말 부분에서 주인공은 육체를 버리고 아바타로 확실하게 존재감을 옮긴다. 그것은 이 트레이닝 과정과 같다.

이제 당신의 네오는 지구 어디라도 자유자재로 오갈 수 있다. 과거, 미래 등 그 어느 시점으로도 여행이 가능하다. 이 트레이닝을 통해 지구에 대해 보다 거시적인 안목을 갖게 될 것이다. 지구가 아파하는 모습, 지구가 원하는 것, 그리고 지구의 미래 등을 보고 듣고 알게 된다.

6단계 공간 점프 훈련

모피어스는 멀리 떨어진 건물과 건물 사이를 쉽게 점프한다. 그러나 네오는 밑으로 떨어진다. 네오는 지금 공간이 실재가 아님을 배우는 중이다. 공간이 실재라고 여기는 생각만 벗어나면 공간을 넘어서게 된다.

이제 당신의 네오는 지구 밖으로 나가 넓은 우주를 여행하게 된다. 우주가 얼마나 광활한지를 직접 경험하게 된다. 원하는 우주 어디라도 갈 수 있다. 속도도 점점 더 빨라질 것이다. 그리고 우주가 얼마나 고통스러운 곳인지를 배워야 한다. 추위, 굉음, 아픔, 공간의 이면에 숨겨진 매트릭스 블랙홀······

당신의 네오는 우주를 정복해야 한다. 우주는 본질적으로 존재하지 않는 꿈속의 허상이다. 광활하고 거리가 무한히 먼 우주지만, 실제 크기는 손바닥에 들 만큼 작을 수도 있다. 실제로 〈매트릭스〉는 네오가 아키텍트(매트릭스의 창조자)를 만나는 장면에서, 우주를 컴퓨터 모니터 속에서 조작되는 프로그램으로 묘사한다. 우주는 당신이 의자에 앉아서 편집할 수 있는 프로그램과 같은 것이다. 당신의 네오는 당신의 뇌에 심어진 우주공간이라는 고정관념을 넘어서고, 시공간의 틀을 무시할 수 있어야 한다. 그것이 우주 정복이다.

7단계 엘리멘탈 신들과의 싸움

매트릭스에서 가장 경계해야 할 대상은 요원들이다. 그들은 매트릭스의 수호신 같은 존재들이다. 매트릭스에서 그들과의 전투는 피할 수 없다. 요원들은 마치 삼위일체의 신처럼 언제나 3인 1조로 움직인다.

요원들은 갑자기 나타나며, 원하는 누구의 몸이라도 점령할 수 있다. 또한 그 누구든 요원으로 돌변할 수 있다. 네오는 시뮬레이션 상황에서 갑자가 나타나는 스미스 요원을 보고 놀란다.

모피어스 : 매트릭스는 시스템이야. 그 시스템이 우리의 적이지. 둘러보면 뭐가 보이나? 사업가, 교사, 변호사, 목수 등 모두 우리가 구하려는 사람들이지. 그러나 이들도 시스템의 일부야. 그러니까 우리의 적이지. 이들은 대부분 떠날 준비가 안 되어 있어(당신은 매트릭스를 떠날 준비가 되어 있는가?). 지금의 상황에 너무 잘 길들여져 있지. 그래서 시스템을 보호하려고 하지. 요원들은 지각 있는 프로그램이야. 이들은 시스템에 연결된 어떤 프로그램이든 침입하지. 즉, 매트릭스 안의 어느 누구라도 요원이 될 수 있다는 말이야. 매트릭스 안에서는 누구나 요원일 수 있어. 우리는 그들을 만나면 도망쳐야 했어. 그래서 살아남았지. 도망치지 않고 그들과 싸운 자들 중에 살아남은 자는 아직 없어. 요원들은 콘크리트도 우습게 부수고, 총알을 퍼부어도 우습게 피하지. 그러나 그들을 피해 다닐 수만은 없어. 그들은 문지기야. 그들이 문을 여는 열쇠를 가지고 있지. 그래서 매트릭스에서 사람들을 구하려면 그들과 싸워야 해. 네오, 자넨 할 수 있어. 그들은 절대로 자네를 능가할 수 없어. 그들의 힘과 스피

드는 매트릭스 안에서만 가능하니까.

이 단계에서 당신의 네오는 실제 신들과 싸움을 벌이게 된다. 주로 사람들에게 빙의하거나 괴롭히는 엘리멘탈 신들(초보적인 신들)이다. 이 단계에서 당신은 그들을 보는 법, 그들의 습성과 행태, 그들이 사람을 속이는 것, 그들이 사람들에게 주는 고통 등을 알게 된다. 그리고 그들을 물리치는 법을 배우게 된다. 또한 그들이 미드라인을 두려워하여 그 힘 앞에서 물러나는 것도 보게 된다. 또한 자신과 가족들을 지키는 법도 배우게 된다. 네오의 힘이 커질수록 보호할 수 있는 주변 범위도 넓어진다. 그리고 그들이 당신에게 굴복하는 것을 보는 방법을 배우게 된다. 이때 그들을 부리고 명령하는 법, 이용하는 법도 배워야 한다.

8단계 매트릭스 코드 읽는 법

느브갓네살 호에서는 컴퓨터를 통해, 인간의 뇌에서 실행되는 매트릭스 프로그램의 코드를 볼 수 있다. 코드는 일종의 암호다. 처음에는 낯선 암호지만, 숙달되면 매트릭스 안에서 일어나는 모든 것을 생생하게 볼 수 있다.

코드를 해독한다는 것은 매트릭스 세상을 손바닥처럼 훤히 들여다보는 것이다. 매트릭스를 코드로 보게 되면 눈으로 보는 것에 현혹되지 않는다. 모든 사람과 사물, 사건은 코드의 재현일 뿐이기 때문이다. 이제 네오는 눈에 보이는 겉모습을 믿지 않는다. 세상의 배후에 있는 진실만을 보게 된다.

당신의 네오는 다른 사람들의 육체에 가려진 네오들을 보는 눈이 열린다. 3차원 시공간에 가려져 웅크리고 있는 네오들을 보게 된다. 세상의 모든 문제를 해결하는 열쇠가 그들에게 있음을 알게 된다. 네오를 왜 찾아야 하고, 그들이 무슨 말을 하는지, 무엇을 원하는지 알게 된다.

세 번째 블랙홀, 치열한 전쟁

1단계 오라클과의 만남- 죽음과 부활의 예고

모든 훈련을 마친 네오를 데리고 모피어스는 오라클에게 간다. 오라클은 예언자이자 매트릭스 창조자 중의 하나다. 매트릭스를 만들었기에 미래 예견이 가능하다. 모피어스가 네오를 찾아내도록 사주한 인물도 오라클이었다. 그녀는 저항운동의 정신적 대모 같은 역할을 하고 있다. 네오는 오라클을 통해 미래에 대한 예언을 듣게 된다.

네오에게 닥칠 시험은 반드시 오라클과 함께 온다. 오라클이 등장하면 네오에게 시험이 닥친다. 오라클은 항상 두 개의 길 중에서 하나를 선택해야 하는 과제를 준다. 그리고 그 선택에 대한 책임을 묻기 위해 두 가지 시험이 뒤따른다. 네오는 오라클을 세 번 만나고, 그래서 여섯 번의 시험을 치른다. 그 여섯 번의 시험기간 동안 네오가 트리니티를 세 번 구하고, 트리니티도 네오를 세 번 구한다.

마지막 시험은 네오 혼자서 치러야 한다. 그리고 마지막 결론이 맺어진다.

오라클은 네오를 만나자 네오의 입을 벌려도 보고, 관상도 보고, 손금도 본다. 그리고는 약간 실망한 듯 말한다.

오라클 : 자신이 '그the One'란 사실은 사랑에 빠지는 것과 같아. 아무도 말해줄 수 없고 스스로 아는 거지. 너는 뭔가를 기다리고 있어. 너의 다음 인생 말이야. '그'가 없으면 우린 안 돼. 그리고 넌 선택을 해야 해. 모피어스와 너 둘 중에 하나는 죽게 돼. 누가 죽을지는 네 손에 달렸어. 네가 들은 건 너만 알고 있으면 돼.

오라클은 네오가 아직 충분히 각성하지 못했음을 넌지시 암시한다. 네오는 자신이 '그'라는 사실에 회의를 갖는다. 오라클의 방에는 라틴어로 '너 자신을 알라'는 소크라테스의 문구가 걸려 있다. 네오와 소크라테스는 주어진 사명이 동일하다. 거짓 현실에 취해 있는 인류를 구하는 것이 그것이다.

소크라테스는 아테네 사람들을 깨워야 했고, 네오는 매트릭스의 사람들을 깨워야 한다. 인류가 동굴 속에 갇혀 있기 때문이다. 인간의 진정한 본질은 동굴 속에 있지 않다. 진정한 실재는 동굴 밖, '이데아'의 세계에 있다. 그러나 네오는 아직 '그'가 갖춰야 할 충분한 이데아의 수준에 이르지 못했다. 아직 자기 자신을 확실히 못찾고 있는 것이다.

은밀하게 요원들과 내통한 사이퍼가 오라클을 만나러 가는 도중, 휴대폰을 켠 채 휴지통에 버린다. 그 휴대폰의 신호를 통해 모피어스 일행의 위치를 파악한 요원들이 아지트를 공격해 온다.

매트릭스를 지키는 신들은 당신의 목숨을 노린다. 아니, 당신의 목숨에 대한 애착을 물고 늘어진다. 인간은 본능적으로 자신의 목숨을 지키려 한다. 그 본능을 넘어서지 않으면 첫 번째 전쟁을 통과할 수 없다. 이는 자기 목숨에 대한 애착과의 전쟁이다. 그 애착은 두고두고 걸림돌이 되고 발목을 붙잡는다.

육체의 목숨은 사이퍼와 같다. 사이퍼는 시온의 붓다로서 거듭났지만, 다시 아래 세상으로 돌아가고 싶어 한다. 어쩔 수 없는 육체의 본능이다. 사이퍼는 그 본능을 끊지 못했기 때문에 왔던 길을 되돌리려 한다. 네오와 사이퍼는 가는 방향이 정반대다. 당신 역시 각성의 길을 가는 도중 언제든 사이퍼가 될 수도 있다.

네오 일행은 건물의 내벽을 타고 탈출을 시도하지만, 사이퍼는 일부러 기침을 해서 위치를 노출시킨다. 위기에 처한 동료를 구하기 위해 모피어스는 혼자 적진으로 뛰어들어 요원들을 상대한다. 그 사이 네오를 비롯한 일행은 무사히 도망친다. 그러나 모피어스는 요원들의 적수가 되지 못하고 그들에게 붙잡힌다.

네오는 자신이 '그'가 아니라고 믿는다. 그러므로 자기를 대신해 모피어스가 죽어서는 안 된다고 생각한다. 그는 자기가 죽는 것이 당연하다는 믿음으로, 모피어스를 살리기 위해 매트릭스로 뛰어들고, 이에 트리니티도 동행한다. 그들은 모피어스를 구하는 데 성공하고, 모피어스는 네오가 '그'임을 더욱 확신한다. 네오도 자신의 정체성을 믿기 시작한다.

자신을 십자가에 희생한 예수처럼, 자신의 몸에 불을 지르는 등신불처럼, 네오는 자신의 목숨을 담보로 모피어스를 구하기 위해 과감히 뛰어든 것이다.

당신의 네오 역시 이런 선택을 해야 할 것이다. 당신은 앞서 두 번의 블랙홀을 거쳐 왔기에 웬만큼은 성장해 있다. 육체를 버리고 이 길을 가겠느냐는 질문에 당신은 어떻게 답할 것인가? 이 관문을 통과할 때 비로소 확고한 자기정체성을 갖게 된다.

2단계 자신을 믿기 시작하는 네오

세 사람은 요원들의 추격을 피해 달아난다. 지하철에 있는 전화기에 도착하는 순간, 스미스 요원이 나타난다. 전화기를 통해 모피어스와 트리니티는 함선으로 이동되지만, 네오는 남게 된다. 모두들 도망하기를 바라지만, 네오는 싸우기로 한다. 네오는 요원에게 정면으로 덤비는 최초의 인간이 된다. 이것이 네오의 성장이다. 네오는 자신을 믿기 시작한 것이다.

한편 함선에서는 센티넬의 공격을 받고 있다. 센티넬은 살인기계로 공격용 AI들이다. 그들을 퇴치하는 유일한 무기는 EMP(전자기펄스)뿐이다. EMP는 사정권 내의 모든 전자기기를 무력화시킨다. EMP를 쓰기 전에 네오는 함선으로 복귀해야 한다. 텔레파시가 통하듯, 네오는 트리니티의 급한 음성을 듣고 스미스를 따돌리고 뛰기 시작한다. 전화기가 있는 장소로 무사히 도망친 네오, 303호실에 전화기가 있다. 그러나 이미 스미스가 도착해서 기다리고 있다.

스미스는 네오를 향해 총을 난사하고 네오는 복도에 쓰러진다. 순간, 함선에 누워 있던 네오의 몸에서도 생명신호가 끊어진다. 스미스가 말한다. "굿바이, 앤더슨." 이는 앤더슨의 죽음과 동시에 네오의 부활을 암시한다. 마치 예수가 육으로 죽임을 당하고, 영으로 살리심을 입었다는 말처럼.

그러나 트리니티는 불안하지 않다. 네오를 믿기 때문이다. 그녀는 "네오, 나는 두렵지 않아. 오라클은 내가 사랑에 빠지는 남자가 '그'라고 말했어. 그러니까 당신은 죽을 수 없어. 당신을 내가 사랑하니까. 사랑해"라고 말하며 네오에게 키스한다. 그 순간 네오가 눈을 뜬다. 죽었던 네오가 다시 살아난다. 부활한 네오는 더 이상 앤더슨이 아니다. 그는 '그'가 되었다. 그의 눈에 사물의 배후에 있는 코드들이 보이기 시작한다. 현실처럼 위장한 코드들이 그의 눈앞에 정체를 드러낸다. 요원들이 총을 쏘지만 총알들은 네오의 손바닥 앞에서 멈춰 버린다.

네오는 자신을 공격하는 스미스를 한 손으로 가볍게 상대한 후, 스미스의 몸속으로 뛰어든다. 네오와 스미스, 둘이 하나가 되면서 파괴가 진행된다. 스미스가 견디질 못한다. 힘의 균형이 맞지 않기 때문이다. 약한 쪽이 무너질 수밖에 없다.

스미스의 몸을 뚫고 빛이 쏟아져 나온다. 스미스의 껍질은 갈기갈기 찢어져 공중 분해되고, 그 자리에 네오가 서 있다. 자신의 정체성을 완전하게 회복한 네오는 하늘로 날아오른다.

첫 번째 전쟁이 의지의 시험이었다면, 두 번째 전쟁은 매트릭스의 문을 봉쇄하고 있는 신과의 실제적인 싸움이다. 그 싸움을 통해 네오는 이전의 나를 죽이고 새로운 나로 태어난다. 이전까지는 요원과 맞붙어 당당히 싸운 사람이 없었다. 도망가는 것이 최선이었다. 그러나 네오는 물러서지 않고 싸웠다.

이 싸움은 자신의 의식에 박힌 신과의 전쟁이다. 그 신은 붓다일 수도 있고, 예수일 수도 있고, 상제일 수도 있다. 문제는 그 신들에 대한 선입견이 이미 당신의 머리를 점령하고 있다는 것이다. 그 신은 그대 의식의 하늘을 지배하고 있다. 그대는 이미 그 신의 노예다. 스스로 당신의 의식을 그에게 넘겨주었다. 두 번째 전쟁을 통과하려면 당신의 의식을 장악하고 있는 신과 싸워 이겨야 한다. 그리고 그 신을 당신의 의식에서 깨끗이 제거해야 한다.

3단계 당신 마음의 시온을 떠나야 한다

모든 함대가 시온으로 복귀하라는 명령이 떨어진다. 센티넬의 대군이 시온으로 공격해 오고 있기 때문이다. 느브갓네살 호도 3번 게이트를 통해 시온으로 입성한다. 영화는 숫자 3에 많은 비중을 둔다. 303호실, 3번 게이트, 네오-트리니티-모피어스 3인조, 요원 3인조 등.

시온으로 복귀한 모피어스는 시온의 대중들에게 AI 전투군단이 오고 있음을 알린다. "우리는 100년간 기계와 싸워 왔습니다. 저들은 100년간 우리를 말살하려 했습니다. 100년간의 전쟁 끝에 제가 아는 것은 이것입니다. 우리는 지금 여기에 여전히 살아 있습니다."

모피어스의 연설에 대중은 환호하고, 일시에 장내는 축제 분위기로 돌변한다. 네오는 트리니티가 건물에서 떨어지며 총에 맞는 꿈을 꾸고, 심란해진 그는 밖으로 나왔다가 하멜 의원을 만난다. 하멜 의원은 11년간 매트릭스의 환상 속에 살면서 잠만 잤던 것이 억울해 하루에 두세 시간 밖에 잠을 자지 않는다고 한다.

시온은 잠에서 깨어난 25만 명의 사람들이 살아가는 곳이다. 즉, 잠에서 깬 붓다들이 연합공동체를 형성한 것이다. 그들은 100년간 기계들과 전쟁을 해왔다.

하멜은 매트릭스와 시온이 다르지 않게 느껴진다고 말한다. 이는 시온도 여전히 꿈이기 때문이다. 차이는 매트릭스에서는 기계가 인간을 지배하지만, 시온에서는 인간이 기계를 지배한다는 것. 인간은 기계에 의존해서 기계와 싸우고 있다. 아이러니다. 지배란 무엇인가? 이에 대한 네오의 대답은 이렇다. "원하면 기계를 꺼버릴 수 있죠." 그렇다. 여차하면 부숴 버리는 것이 지배다.

네오에게 오라클의 호출이 떨어진다. 모피어스와 네오 일행은 다시 느브갓네살 호를 타고 시온을 떠난다. 모피어스는 시온에 남아 쳐들어오는 기계들과 싸우는 것보다, 오라클의 예언대로 네오에게 모든 희망을 거는 것이 보다 현명하다고 생각한다. 네오 자신도 그렇게 믿는다.

시온은 인간 공동체의 심장이며 고향이다. 그러나 그들은 머물지 않는다. 안주하지 않는다. 트리니티와 함께 가정을 꾸리고 안락한 삶을 누리는 대신, 전쟁이 기다리는 싸움터로 떠난다. 시온은 거쳐 가는 곳이지 머무르는 곳이 아니다.

당신에게도 시온이 있다. 당신이 가고 싶은 곳, 당신이 있고 싶은 곳, 당신이 원하는 곳이 있다. 그곳은 환락과 즐거움이 있는 곳일 수도 있고, 아름다운 자연일 수도 있다. 사람은 자신이 원하는 시온을 만나면 그곳에 안주하고 싶어 한다. 그러나 진정한 각성을 하려면 시온에 안주해서는 안 된다.

시온은 하나가 아니다. 한 시온을 떠나면 또 다른 시온이 나타나고, 그것을 이겨 내면 또 다른 시온이 나타난다. 사람에게는 많은 시온이 있다. 하고 싶은 것도 많고, 살고 싶은 세상에 대한 꿈도 다양하기 때문이다. 그것들을 하나하나 떨쳐야 한다. 그러면 실상이 드러난다. 이 모든 것들은 겉모습만 시온일 뿐, 실제로는 허무하고 더러운 시궁창이다. 시온을 부정하기 전에는 시온의 진정한 실체가 드러나지 않는다.

우리가 가야 할 곳은 저 높은 곳, 하늘 밖에 있다. 도중에 아무리 좋은 곳이 유혹하더라도 미혹당하지 말라. 궁극적인 곳에 도달했을 때의 기쁨은 무궁하기 때문이다.

4단계 모든 문을 열 수 있는 키메이커

네오를 마중 나온 세라프는 프로그래머용 공간으로 네오를 안내한다. 그곳은 매트릭스 공간이 아니다. 네오가 '그'로 존재가 격상되었기에 출입이 가능한 새로운 차원의 공간이다.

네오는 오라클에게 자신이 꾼 꿈, 즉 트리니티가 건물에서 떨어지는 것까지는 보이는데 그 이후는 보이지 않는다고 말한다. 오라클은 예지력이 생긴 것이라고 말한다. 결과가 불확실한 선택을 했다면 그 미래는 보이지 않는 법이다. 트리니티가 죽고 사는 것은 네오의 선택에 달린 것이다. 비록 트리니티가 죽는다 하더라도 네오는 시온을 구해야 하는 것이 예정된 수순이다.

오라클은 네오로 하여금 선택을 하게 한다. 정해진 수순을 따르라 강요하지 않는다. 그것은 네오를 신뢰하는 오라클의 선택이다. 오라클도 결정된 미래를 순순히 따르기보다 네오에게 미래를 맡겨

보기로 선택한 것이다. 네오가 만들어 가는 미래가 어떤 것일지는 오라클 자신도 모른다. 결과가 불확실한 선택을 했기 때문이다.

시온은 대대적인 기계들의 공격을 눈앞에 두고 있다. 전투력을 총동원해도 기계들의 총공세를 막지는 못할 것이다. 시온은 멸망의 수순을 밟을 것이다. 그렇게 프로그래밍되어 있다. 트리니티를 희생하더라도 시온을 구하는 것이 네오에게 주어진 임무다.

그런데 시온을 구한다는 것은 시온의 파괴를 막는다는 뜻이 아니다. 시온의 파괴는 이미 예정된 것이다. 다만 시온을 재건하는 길이 네오에게 주어질 것이다. 파괴된 시온을 다시 재건하는 것, 그것이 네오가 '시온을 살린다'는 의미다. 하지만 지금은 네오도 모피어스도 '시온을 살린다'는 의미가 그런 것임을 모르고 있다. 그들은 현재의 시온이 파괴되는 것을 막아 보존시킨다는 의미로 이해하고 있다.

시온을 구하기 위해서는 일단 소스에 들어가야 한다. 소스는 빛으로 된 문을 통과해야 하고, 그 문을 열기 위해서는 키메이커가 있어야 한다. 그는 지금 메로빈지언의 손에 잡혀 있다. 메로빈지언은 정보를 사고파는 정보사냥꾼으로, 현실과 매트릭스의 중간계를 지배하고 있다.

네오, 트리니티, 모피어스는 오라클의 주문대로 키메이커를 확보하기 위해 메로빈지언 앞에 나타난다. 그리고 메로빈지언의 아내 페르세포네의 도움으로 키메이커를 만난다. 요원들의 끈질긴 추격

과 메로빈지언 일당의 집요한 방해에도 불구하고 키메이커를 안전
하게 확보하는 데 성공한다.

메로빈지언의 집에는 수많은 문이 있다. 서로 다른 세계로 통하
는 문들이다. 문을 열면 전혀 다른 세계가 펼쳐진다. 이는 미노타우
로스의 미궁을 연상케 한다.

네 번째 전쟁은 미로를 열고 나갈 수 있는 열쇠, 키메이커가 가진
열쇠를 획득하는 것이다. 어떤 미혹의 세상이 펼쳐져도 그곳에서
빠져나올 수 있는 열쇠를 가져야 한다. 어떤 상황이 닥치더라도 키

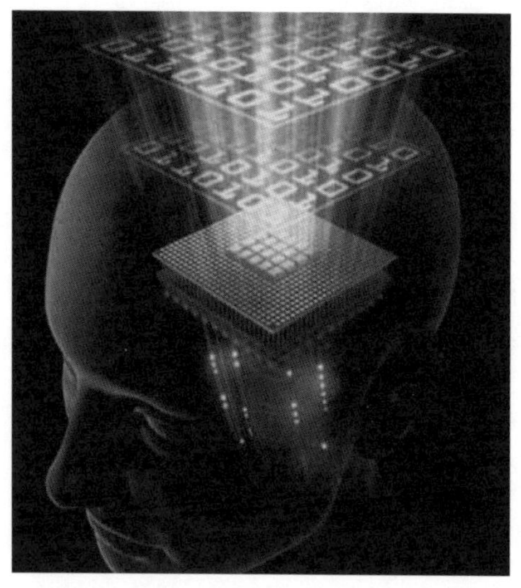

소스는 네오가 나온 곳이다. 소스는 존재하는 모든 프로그램의
고향이며 모태다. 프로그램의 수명이 다하면 다시 돌아가는 곳
도 소스다.

메이커처럼 난관을 열고 나갈 수 있는 열쇠를 갖고 다녀야 한다.

이 단계에서는 미드라인에서 들려오는 소리를 통해 다양한 영적 상황들을 헤쳐 나가는 방법을 배우게 된다. 모피어스와 트리니티를 끝까지 추격하는 메로빈지언의 부하들처럼, 신들도 집요하게 우리의 성장을 방해하려 한다. 온갖 다양한 방식으로 현란한 장면들을 연출하여, 우리 무의식에 저장된 감성을 자극하는 미혹의 세상을 만들어 낸다. 단 하나의 절박한 목표를 놓치면 어느새 밑으로 가라앉은 자신을 보게 될 것이다.

메로빈지언은 모든 것을 알고 있는 전지全知한 신이다. 그는 당신에 대해 모든 것을 알고 있다. 당신의 성격, 당신의 과거, 당신의 아픔, 당신의 교만, 당신의 약점 등. 그는 당신을 무너뜨릴 모든 방법을 강구한다. 당신 자신이 미처 모르고 있던 내면이 드러나고, 감추고 싶던 자존심마저 다 까발려진다.

메로빈지언을 이기는 방법은 자신을 다 내려놓는 것이다. 즉, 자신을 부인하는 것이다. 그러면 소리가 문을 열어 준다. 소리가 바로 키메이커다.

5단계 가장 강력한 힘, 사랑

모피어스는 네오가 소스에 들어가기만 하면 예언대로 전쟁이 끝날 것이라 믿는다. 네오는 환하게 빛나는 문을 열고 들어가, 드디어 매트릭스의 창조자 아키텍트를 만난다.

아키텍트 : 자네의 삶은 매트릭스의 불균형한 방정식이 만들어낸 나머지의 총합이야. 자넨 수학적으로 정돈된 매트릭스가 없애지 못한 우발적 변종이지. 해결하진 못했지만 예상이나 통제의 범위 안에 있기 때문에 자네가 여기까지 오게 된 거네. 난 완벽한 하나의 변종을 기준으로 삼는데, 자네가 여섯 번째지. 최초의 변종은 완벽했어. 하지만 인간의 불완전성 때문에 실패했지. 그 다음번 변종은 인간의 괴팍함을 반영했지만 역시 실패했어. 나는 나보다 낮은 지능이 필요하다는 결론을 얻었네. 완벽에 가깝지만 완벽하지 않은 지능, 직관력이 있는 프로그램을 선택하게 된 것이지.

네오 : 오라클이군!

아키텍트 : 내가 매트릭스의 아버지라면 오라클은 어머니야. 오라클은 선택권만 주면 99%의 인간이 매트릭스를 받아들인다는 사실을 알았지. 거의 무의식적인 수준에서 인식되는 선택권이라도 말이야. 그런데 변종이 생겨났지. 아주 사소한 방정식에서도 변종은 생겨날 수 있어. 프로그램을 거부한 사람은 소수지만 재앙의 불씨가 될 수 있지.

네오 : 시온!

아키텍트 : 자네가 여기 온 것은 시온이 붕괴될 것이기 때문이야.

모든 살아 있는 것들이 전부 제거된다네. 하지만 잘 듣게나. 우리 시온을 다섯 번이나 파괴했네. 그것은 갈수록 쉬워지지. 자네는 소스로 복귀해 자네가 가진 코드를 전달한 후 초기화하고, 시온을 재건할 여자 16명 남자 7명을 매트릭스에서 뽑으면 돼. 이 과정을 따르지 않으면 시스템 충돌이 일어나 매트릭스의 모든 인간이 죽게 되지. 시온과 함께 인류 전체가 종말을 맞는 거야.

네오 : 그렇게는 못할 텐데? 인간은 당신네 에너지원이니까.

아키텍트 : 우리에겐 여러 단계의 생존방법이 있지. 문제는 자네가 인류의 멸망을 감당할 준비가 되었냐는 것이야. (아키텍트는 다양한 인간들의 영상을 보여 준다. 네오는 냉담하게 쳐다본다.) 반응이 흥미롭군. 먼젓번 다섯은 모두 비슷한 태도를 보였지. 그들은 원래 그들에게 맡겨진 임무대로 인류에 대한 끝없는 애착을 드러냈거든. 그런데 자넨 전혀 다른 반응이군. 사랑 때문인가? (트리니티가) 자네 목숨을 자기 것과 바꾸려고 이곳에 와 있지. 문이 두 개 있어. 오른쪽은 소스로 가서 시온을 구할 문이고, 왼쪽은 인류를 멸망시키고 여자에게 가는 문이지. 자네 말대로 선택의 문제지.

네오의 꿈에 보이던 바로 그 장면, 트리니티의 심장에 요원이 쏜 총알이 명중된다. 네오는 주저 없이 왼쪽 문을 박차고 나간다. 그리

곤 이전에 경험하지 못했던 엄청난 스피드로 트리니티를 향해 날아
간다. 아키텍트를 만난 후 네오의 파워가 크게 증폭되었던 것이다.

네오는 트리니티가 떨어져 바닥에 부딪히기 직전에 안전하게 받
아 낸다. 네오는 트리니티의 심장에 손을 넣어 박힌 총알을 꺼내지
만, 트리니티는 끝내 숨을 거둔다. 네오는 죽은 트리니티의 심장을
다시 뛰게 해 살려 낸다. 트리니티가 죽은 네오를 키스로 다시 살려
냈듯, 둘은 공평하게 주고받은 셈이다.

모피어스가 알고 있는 예언대로라면 '그'가 소스에 들어가면 전
쟁이 끝나야 한다. 그런데 전쟁은 끝나지 않았고, 아무것도 변한 것
이 없다. 모피어스는 실망한다.

모피어스는 소스에 들어간 '그들(다섯 명의 네오)'이 자신들의 코
드를 반납하고 초기화했고, 그로 인해 매트릭스는 보존되고 시온은
기계들에 의해 파괴되도록 처음부터 설계되어 있음을 모른다. 지금
네오의 새로운 선택이 상황을 반전시켰지만, 불과 24시간의 시간을
벌었을 뿐이다. 24시간이 지나면 인류도 멸망하고, 시온도 영원히
파괴된다.

소스는 네오가 나온 곳이다. 소스는 존재하는 모든 프로그램의
고향이며 모태다. 프로그램의 수명이 다하면 다시 돌아가는 곳도
소스다. "너는 흙이니 흙으로 돌아가라"란 말처럼, 모든 것은 자신
이 나온 근원으로 다시 돌아가야 한다. 육체는 부패하고 썩어 결국
원초적인 입자의 상태로 돌아간다. 혼은 아바돈의 어둠(블랙홀)으

로 회귀한다. 사물이 블랙홀 근처에 가면 그곳으로 끌려갈 수밖에 없는 것은 그곳에서 나왔기 때문이다. 근원은 자기로부터 배출된 것을 회수하려는 본능이 있다. 그것이 중력이다. 중력이 광범위하게 작용하는 이유는 언제든지 근원으로 되돌리기 위해서다.

네오도 소스에 가까이 가면 그곳에 달려들어야 할 것만 같은 충동이 일어난다. 그곳에서 자신이 나왔기 때문이다. 인류가 한순간 멸망한다면 소스는 진공청소기가 먼지를 흡입하듯 모든 인류의 혼을 빨아들일 것이다. 소스는 그만큼 중력이 강한 곳이다.

소스로 가는 문과 트리니티에게로 가는 문이 있다. 소스로 가는 문은 당신의 근원적인 속성을 자극한다. 나의 혼에 남아 있는 어둠이 격렬하게 반응할 수 있다. 소리를 놓치면 양자요동이 일어난다. 트리니티에게 가는 문은 일종의 탈출구다. 당신은 자신의 근원이 트리니티인지 소스인지를 결정해야 한다.

네오가 트리니티에게 가는 문을 선택할 때 그는 인류 전체의 목숨을 담보로 내걸었다. 매트릭스와 시온이 멸망해도 트리니티를 선택할 수 있느냐는 것이 그에게 주어진 시험이다. 그 순간 트리니티를 선택하는 것은 쉽지 않다. 이 선택이 다섯 번째 전쟁이다. 트리니티를 선택하는 순간 탈출의 문이 열린다.

무엇보다도 네오의 심장에는 트리니티가 있어야 한다. 네오의 심장이 트리니티의 심장에 반응해야 한다. 심장은 사랑이다. 무엇이 사랑을 막을 수 있는가? 인류를 구해야 한다는 대명제보다 더 중요한 것이 사랑이다. 트리니티는 죽는다. 그러나 네오의 사랑은 죽음보다 강하다.

"사랑은 죽음보다 강하고, 사랑의 질투는 스올(구약에서 말하는 죽은 자가 머무는 곳)처럼 잔인하며 불길 같이 일어나니 그 기세가 여호와의 불과 같으니라. 많은 물도 이 사랑의 불을 끄지 못하겠고 홍수라도 삼키지 못하나니 사람이 그의 온 가산을 다 주고 사랑과 바꾸려 할지라도 오히려 멸시를 받으리라.(《아가》 8:6~7)"

구원에 대한 절박함, 하늘 밖으로 나가고 싶은 열망, 인류를 구해야 한다는 책임감 등 그 어떤 것보다 강렬한 에너지는 트리니티에 대한 사랑이다. 네오의 불타는 심장이 싸늘하게 죽은 트리니티의 심장에 다시 불을 붙였다. 네오의 성장은 사랑의 성장이다.

6단계 사랑 때문에 길을 잃은 네오

네오는 업그레이드된 파워로 기계들을 막아 낸다. 그리고 쓰러진다. 그러나 그의 뇌파는 혼수상태의 뇌파가 아니다. 그의 뇌파는 접속자의 뇌파와 같다. 뇌 속에 플러그를 꽂지 않았는데도 그의 디지털 자아가 매트릭스가 아닌 다른 곳으로 사라졌다. 그 사이, 모피어스와 트리니티는 오라클을 만난다.

오라클 : 네오는 현실과 매트릭스의 중간에 갇혀 있어. 그곳은 트

레인맨이 지배해. 각종 프로그램을 밀거래하는 자야. 그자가 먼저 네오를 찾게 되면 우리의 선택도 힘들어져. 트레인맨의 보스가 메로빈지언이지. 그가 자네들에게 현상금을 걸었어. 세라프가 트레인맨에게 안내해줄 거야. 세라프는 날 지켜 왔지. 자네들도 지켜줄 거야.

중간지대에서 길을 잃은 또 다른 프로그램, 라마 칸드라와 카말라. 그들은 부부며, 사티를 사랑해 딸로 삼았다. 그래서 여기에 와 있다. 네오도 사랑 때문에 여기에 와 있다. 프로그램에서 사랑은 길을 잃게 만든다. 라마 칸드라가 이렇게 말한다. "사랑은 단어야. 그 단어를 말하는 것만으로 사랑은 전달되지. 언어 자체가 그 단어의 의미를 이미 담고 있어." 그러나 존재목적이 없는 프로그램은 삭제당한다. 부부는 소스로 복귀하는, 즉 삭제될 프로그램이다.

세라프는 모피어스와 트리니티를 트레인맨에게 안내하지만, 트레인맨은 그들을 거부한다. 셋은 메로빈지언을 찾아간다. 메로빈지언은 오라클의 눈을 가져오면 네오를 돌려보내겠다고 빈정댄다. 트리니티는 총을 꺼내든다. 순간 메로빈지언의 부하들이 일제히 총을 꺼내 셋을 겨누지만, 이미 트리니티의 총구는 메로빈지언의 이마를 겨누고 있다.

트리니티 : 네오를 내줄 것인지, 같이 죽을 것인지 결정해.

메로빈지언 : 정말 그를 위해 뭐든 할 수 있나?

트리니티 : 물론이다.

페르세포네 : 그녀는 그렇게 할 거예요. 그녀는 사랑에 빠졌으니까.

메로빈지언 : 사랑과 광기는 닮았어.

혼자서 고심하고 있는 네오 앞에 기차가 온다. 그리고 트리니티가 거기서 내린다. 네오는 트리니티와의 사랑을 통해 끊임없이 성장한다. 그 둘은 서로를 위해 기꺼이 목숨을 던지면서 사랑의 화합을 완성해 간다. 한 사람의 혼이 각성하여 성장하고, 탈출에 성공하여 우주 밖에서 완전해지기까지의 모든 과정은 트리니티와 네오가 나누는 사랑이 만들어 내는 것이다.

네오가 탈출에 성공할 수 있는 것은 믿음도 아니고 깨달음도 아니다. 목숨을 건 사랑의 관계를 통해 성취해야 하는 숭고한 결실이다.

7단계 AI 마왕과의 담판

네오는 오라클을 마지막으로 만난다.

네오 : 시온은 구원될까요?

오라클 : 답을 얻을 곳은 오직 한 곳. 자네는 그 답을 알고 있어. 그

답을 못 얻으면 미래가 없어. 시작이 있는 것은 끝이 있지. 끝이 가까웠어. 어둠이 번지고 있어. 죽음이 보여. 그(스미스)를 막을 자는 자네뿐이야. 그는 곧 이 세계를 없앨 힘을 갖게 돼. 그러나 그는 거기서 멈추지 않고 모든 것을 파괴할 거야.

네오 : 그는 누구죠?

오라클 : 자네의 대칭점. 스스로 균형을 맞추려는 방정식. 전쟁은 곧 끝날 거야. 어떤 식으로든 말이야. 두 세계의 미래가 둘의 손에 달렸어. 자네나 스미스, 둘 중 누가 이기든 어떤 식으로든 곧 끝이 날거야.

네오는 AI들의 본거지로 가야 함을 직감한다. 네오와 트리니티는 AI들의 도시로 향하고, 모피어스는 시온으로 향한다. 시온에게 남은 시간은 12시간. 시온에서는 전쟁이 한창이다. 영화는 기계와 시온의 전쟁에 많은 시간을 할애한다. 성벽은 두 시간 내로 뚫린다. 기적이 일어나지 않는 한 시온이 살아남을 방법은 없다.

그 시각에 네오와 트리니티는 기계들의 도시에 도착한다. 네오는 기계도시를 방어하는 센티넬들의 무수한 공격을 피해 하늘로 솟아오르지만 점화선 고장으로 불시착하게 된다. 그 충격으로 트리니티는 철근에 온몸이 뚫리는 사고를 당한다. 트리니티는 죽음을 직감한다.

네오는 함선에서 홀로 밖으로 걸어 나온다. 드디어 기계들의 우두머리 앞에 그가 섰다. 네오는 홀로 마왕을 상대해야 한다. 그가 신들의 하늘을 막고 있는 최후의 문이기 때문이다. 마왕은 네오가 통과해야 하는 일곱 번째 관문이다. 그래서 영화에서 7은 마왕을 상징하는 숫자가 된다. 영화에서 마왕은 AI들의 절대자로 군림한다. 모든 AI들이 그의 신호에 즉각 순응한다. AI가 신들의 상징이라면, 마왕은 모든 신들을 다스리는 절대신의 상징이다. 다만, 하늘 밖의 영역이 아닌, 하늘 안에 국한된 절대신이라는 분명한 한계가 있다.

영화를 보는 관객들에게 마왕은 길게 솟은 가시로 뒤덮인 괴물처럼 보이지만, 시력을 읽은 네오에게는 그가 태양처럼 빛을 발산하는 발광체로 보인다. 이것은 신의 양면성에 대한 상징이다. 신은 한편으로는 궁극적인 어둠으로 보이지만 한편으로는 궁극적인 빛으로 보인다. 신은 이렇게 스스로 자기모순에 빠져 있다. 네오는 이 모순된 절대자의 벽을 넘어서야 한다.

1부터 10까지의 수들 중에서, 1부터 6까지를 곱하면 720이 된다. 그런데 7을 제외한 8부터 10까지 곱해도 720이다. 7을 기점으로 앞뒤 숫자들의 곱이 720을 만들어 낸다. 그래서 7을 단절의 숫자라고 한다. 7은 넘을 수 없는 한계점이다. 그래서 영화에서 숫자 7로 상징되는 마왕은 네오를 막아서는 벽이 된다. 그러나 네오는 마왕조차 이겨 낸다.

네오 : 할 말만 하겠소. 그 다음엔 당신이 알아서 해요. 프로그램

스미스는 당신 통제를 벗어났소. 곧 매트릭스와 여길 장악할 거
요. 당신은 못 막아요.

기계마왕 : 네 도움 따윈 필요 없어.

네오 : 할 수 없군. 내가 잘못 왔어.

기계마왕 : 뭘 원하나?

네오 : 평화!

스미스는 매트릭스를 접수했고, 이제 기계도시까지 접수하려 한
다. 그를 상대할 수 있는 것은 네오뿐이다. 기계마왕은 기계들의 공
격을 멈추게 한다. 마왕이 시온을 멸망시키지 않기로 결정한 것이
다. 이제 네오 차례다. 마왕은 네오의 뒷덜미에 플러그를 꽂는다.
네오는 매트릭스로 돌아가 스미스를 제거하여 기계도시를 지켜야
한다. 그것이 둘의 계약이다.

네오는 선명한 외길에 서 있다. 해답을 확연히 알고 있다. 마왕도
그 깊은 속을 이미 꿰뚫고 있다. 네오에게는 마왕조차도 와해시킬
힘이 있다. 마왕은 네오가 원하는 대로 길을 내줄 수밖에 없다.

8단계 스미스와의 마지막 결투

길 한가운데서 네오와 스미스의 대결이 시작된다. 네오가 성장한
만큼 스미스도 성장해 있다. 네오가 성장할수록 그를 억제하려는

반대의 힘 또한 덩달아 커지기 때문이다.

네오와 스미스는 거침없이 서로를 향해 성장해 왔다. 네오의 힘이 커지면 스미스도 커진다. 둘의 존재는 점점 짧아지는 끈의 양극점이다. 둘의 힘은 상극이다. 상극인 힘이 서로 가까워져 충돌하면 그 파괴력은 엄청나다. 마왕 따위는 먼지처럼 날려 버릴 수 있다. 네오와 스미스의 충돌은 특이점과 사건지평선의 충돌이다. 그 충돌로 블랙홀이 파괴된다. 길고도 거친 그들의 싸움이 펼쳐지는 가운데, 싸움의 막바지에서 네오는 스미스의 일격을 맞고 바닥에 쓰러진다.

스미스 : 잠깐, 이걸 본 적 있어. 이거야! 이게 끝이야. 그래, 넌 그렇게 누워 있었어. 그리고 난 여기 서서, 이렇게 말하기로 돼 있지. "시작이 있으면 끝도 있다(이것은 오라클이 자주 하는 말이다)."

스미스가 된 오라클은 스미스에게 마지막을 볼 수 있는 예지력을 준 것이다. 스미스는 뭔가 잘못되었음을 눈치챘다.

스미스 : 내가 방금 뭐랬지? 아냐, 이건 아냐. 말도 안돼. (네오가 서서히 일어나 스미스에게 다가간다.) 가까이 오지 마. (뒤로 물러난다.)

네오 : 뭘 두려워하나?

스미스 : 이건 함정이야.

네오 : 맞아. 넌 늘 옳았지. 이건 필연이야.

스미스는 네오를 향해 손을 뻗는다. 네오의 몸에 파고든 그의 손에서 검은 액체가 흘러나오면서 네오의 온몸을 뒤덮는다. 이윽고 네오는 스미스가 된다.

스미스 : 끝난 거야?

네오가 변신한 스미스 : (회심의 미소를 짓는다.)

이때 기계마왕 앞에 있던 네오의 몸에서 빛이 발산된다. 네오가 변신한 스미스의 몸에서 빛이 터져 나오면서 스미스를 해체시킨다. 동시에 모든 스미스들의 몸이 그 빛으로 인해 터져 버린다. 모든 스미스들은 유기적으로 연결되어 있기 때문에, 하나가 터지면 모두 터진다. 스미스가 된 네오조차도 그렇게 사라지고 만다.

그리고 원본 스미스가 있던 자리에 오라클이 누워 있다. 오라클이 스미스가 되면서 스미스의 힘은 더 막강해졌다. 오라클은 스미스 속에 숨어서 네오가 도전해 올 날을 기다렸다. 네오가 스미스를 해결하면 다시 오라클로 돌아갈 수 있기 때문이다.

기계마왕 : 다 끝났군.

기계들의 도시에 있는 네오도 숨을 거두었다. 기계들은 네오의 시신을 조심스럽게 옮긴다. 시온에 있던 기계들은 모두 방향을 바꿔 철수한다. 전쟁은 끝났다. 모두들 말한다. "그가 해냈어. 우릴 구했어. 네오가 해냈어요. 전쟁이 끝났어요."
벤치에 앉아 있는 오라클에게 아키텍트가 나타난다.

오라클 : 세상에, 이게 누구야?

아키텍트 : 위험한 게임을 했더군.

오라클 : 변화는 늘 위험하지.

아키텍트 : 이 평화가 얼마나 지속될 것 같나?

오라클 : 가능한 한 오래. (뒤돌아가는 아키텍트에게 묻는다.) 저들은 어떡할 거야?

아키텍트 : 누구?

오라클 : 갇혀 있는 사람들.

아키텍트 : 자유를 줘야지.

오라클 : 약속하는 거야?

아키텍트 : 내가 (변덕 많은) 인간인 줄 알아?

오라클 : (미소를 짓는다.)

아키텍트는 네오에게 이렇게 말한 바 있다. 기계들은 4단계의 생존전략이 있고, 인간을 에너지원으로 쓰는 것은 그중 하나일 뿐이라고. 이제 기계들은 매트릭스를 해체하고, 다른 단계로 존재할 길을 찾으려 한다. 결국 인간들은 모두 인큐베이터에서 해방될 것이다. 네오는 죽음으로 온 세상을 살린 구세주인 것이다.

세 번의 블랙홀을 지나

네오와 스미스, 스미스의 분신들이 그랬던 것처럼, 꿈에서 깨어나기 위해선 육신의 옷을 벗어야 한다. 온 인류가 완전한 각성을 할 때가 오면, 적어도 80%의 인류가 동시에 육신의 옷을 벗게 될 것이다. 그들이 지구에 벗은 껍질은 시체가 되어 여기저기에 뒹굴 것이며, 지구는 거대한 공동묘지가 될 것이다. 육체는 그렇게 덧없는 것이다. 육체를 위해 부와 권력을 탐하며 산들, 남는 것은 결국 시체뿐이다. 이제부터라도 육체를 위해 살지 말고, 자신의 진아를 위해 살아야 한다.

고대 조로아스터교에서는 마지막 심판 때가 되면 시체들이 모두 부활하여 심판을 받는다고 믿었다. 그리고 심판을 통해 영생으로 가는 자와 영벌로 가는 자가 나뉜다고 믿었다. 기독교는 이런 믿음을 그대로 차용했다. 죽어서 이미 흔적조차 없는 시신들이 버젓이 부활하여 심판대 앞에 선다고 한다. 유일신 종교들은 유난히 육체의 부활에 집착한다. 기독교 신자들은 '몸이 다시 사는 것'을 믿어야 한다. 그런데 이들은 몸이 다시 산다는 것이 무엇을 의미하는지 모르고 있다.

육체가 보존된다는 것, 혹은 다시 살아난다는 것은 꿈에서 깨어나지 못한다는 뜻이다. 육체는 이번 생이 꿈이라는 결정적인 증거다. 육체를 갖고 살고 있는 것 자체가 바로 이 세상이 꿈이라는 증거다. 이미 죽은 육체까지도 굳이 부활해야 한다고 고집하는 것은 매트릭스의 삶에 대한 끈질긴 애착의 표현이다.

매트릭스에서 깨어났지만 다시 매트릭스로 돌아가고 싶어 했던 사이퍼, 고난을 피해 애굽을 탈출했지만 다시 애굽으로 돌아가고 싶어 했던 이스라엘 백성들, 육체의 부활을 굳이 강조하는 유일신교, 이들의 공통점은 꿈에서 각성하려는 의지가 없다는 것이다. 영원히 꿈속에 있으면서 현실을 회피하고 싶은 것이다. 매트릭스에 너무나 길들여져 더 이상의 초월적인 세계를 원치 않는 것이다. 이들은 육체를 연명하기 위해 불사약을 찾았던 진시황과 다를 바 없다. 이것을 고집한다면 결국 지구 종말과 함께 사라질 수밖에 없다. 이 세상의 꿈에서 깨어나지 못하면 가야 할 길은 이미 정해져 있기 때문이다.

⟨매트릭스⟩ 너머 이야기

매트릭스는 네오가 세 번의 블랙홀을 통과하는 과정을 흥미진진하게 그려 냈다. 그러나 그 이후, 즉 매트릭스 너머의 세계에 대해서는 말하지 않고 있다. 이것이 ⟨매트릭스⟩가 주는 아쉬움이다.

그러나 우리의 고대신화를 통해 매트릭스 너머의 세계를 알 수 있다. 우리 선조들에게 우주는 태아를 잉태하고 있는 하나의 알이고, 그 알 속에서 우리 인간은 태아로서 성장하고 있다. 그 알을 깨고 우주 밖으로 태어나야만 비로소 제대로 된 인간이 된다. 엄마와 태아가 탯줄로 연결되듯, 사람은 우주 밖으로 연결된 라인을 가져야 한다. 그런데《부도지》에 의하면, 이 신비의 라인은 현재 끊어져 있다. 이 끊어진 라인을 다시 잇는 것이 우리에게 주어진 가장 중대한 과제다. 우리의 고대신화들 속에는 그 끊어진 줄을 잇고 우주 밖으로 탄생하는 이야기들로 가득 차 있다. 그것이 ⟨매트릭스⟩ 너머의 코드다.

상고사를 담은《부도지》나 경전인《천부경》, 그리고 수많은 신화와 설화 속에는 ⟨매트릭스⟩ 너머의 코드가 담겨 있다. 그러나 그것에 대한 내용은 다음 기회에 다루기로 하고, 여기에서는 '해와 달이 된 오누이'를 재해석해봄으로써 그 속에 감추어진 ⟨매트릭스⟩ 너머의 세상에 대해 이야기하려 한다.

해와 달이 된 오누이

해와 달이 된 오누이 이야기는 남녀노소 누구에게나 매우 친숙한 이야기다. 특히 어린이들을 위한 도서전집에는 꼭 포함된다. 그러나 이 설화는 여느 경전 못지않은 심오한 철학을 담고 있으며, 단순히 설화이기보다는 신화에 가깝다.

이 이야기 속 떡을 파는 어머니는 외적으로 포장된 나를 상징한다. 어머니가 호랑이에게 잡아먹히는 과정은 외적인 나를 둘러싼 포장들을 하나하나 벗겨 내는 과정이다. 자아를 둘러싸고 있는 제일 바깥 포장은 떡이며, 그 다음은 옷, 마지막은 육체다.

호랑이는 어머니가 소유한 이 세 가지를 차례차례 제거한다. 떡은 소유욕를 상징한다. 외적인 나의 첫 번째 포장은 내가 가진 것을 지기키고, 가지지 못한 것은 얻기 위해 살아가는 모습이다. 두 번째 포장인 옷은 다른 사람에게 보이는 나의 외형이다. 즉, 다른 사람에게 보이는 자신의 모습을 유지하기 위해 살아간다. 마지막 자아는 육체를 자기와 동일시하며, 육체가 없이는 나도 없다고 생각한다. 육체는 목숨이며 생존의 욕구다.

어머니의 떡, 옷, 육체를 다 취한 호랑이는 아이들이 있는 오두막으로 향한다. 이 오두막은 내면에 감추어진 신의 집이다. 이 집은 밤송이처럼 알맹이를 품은 채 외부의 접근을 차단하고 있다. 어머니라는 자아가 세 겹의 외투를 껴입고 있는 동안에는 오두막이 좀처럼 노출되지 않는다. 어머니가 피 흘리며 잡아먹힘으로써 비로소 내면으로 들어가는 문이 열린다. 이것이 첫 번째 해산이다.

이 이야기에서 두 번째 주요 장면은 오두막에 있던 아이들이 문을 열고 나오기까지의 장면이다. 오두막은 알맹이를 감싼 껍질이다. 알맹이를 얻으려면 껍질이 깨지는 아픔이 있어야 한다. 오두막에 있던 막내가 호랑이에게 잡아먹혀 피를 흘리는 것은 껍질이 깨지는 아픔을 묘사한 것이다. 자신의 진아를 찾으려면 해산의 아픔을 각오해야 한다. 이를 계기로 껍질 속에 숨어 있던 오누이라는 알맹이가 밖으로 나오는 것은 신성이 꿈틀대며 기지개를 켜는 것이다. 아이가 피를 흘리며 잡아먹힘으로 문이 열렸으니 이것이 두 번째 해산이다.

오누이는 +0과 -0이 공존하는 블랙홀공의 두 신을 상징한다. 하나는 빛의 얼굴을, 다른 하나는 어둠의 얼굴을 하고 있는 (+)신과 (-)신이다. 그런데 왜 오누이는 호랑이를 피해 하필이면 나무로 올라갔을까? 여기서 나무는 우주의 한가운데에 있다는 우주목宇宙木의 상징이다. 오누이가 나무꼭대기에 앉았다는 것은 하늘에 올라앉았다는 말이다. 즉 그들은 인간에서 신인神人으로 올라섰으며, 존재의 차원이 상승한 것이다.

오누이는 이곳에서 잠시 아래에 있는 우물을 내려다본다. 온 세상이 우물 속에 담겨 있다. 우물은 거울과 같은 의미로 사용된다. 온 세상은 우물 속에 갇혀 있는 홀로그램 꿈이다. 신이 된 오누이는 그 우물에서 벗어났지만 아직 미련이 남아 있다. 그러나 그 미련을 끊지 못하면 다시 밑으로 추락할 수 있다. 이 세상의 수호자인 호랑이는 언제든 신인을 끌어내릴 준비가 되어 있기 때문이다.

여기서 오누이는 신인에서 한 단계 더 올라설 필요가 있다. 인간에서 신에 도달하는 것은 도끼로 우주나무를 찍으며(수행을 통해) 도달할 수 있었지만, 신보다 위의 단계로 올라서기 위해서는 특별한 장치가 필요하다. 그 장치가 바로 하늘에서 내려온 동아줄이다. 동아줄은 이른바 우주적 미드라인이다. 우주적 미드라인은 우주 밖에서 인간의 정수리까지 곧장 연결되는 신비의 줄이다. 오누이가 제아무리 높은 신이 되었다 해도, 우주 밖에서 내려오는 미드라인(동아줄)이 없으면 더 높은 곳으로 오를 수 없다.

동아줄에는 두 종류가 있다. 위에서 내려오는 동아줄과 아래에서 올라오는 동아줄이 그것이다. 위에서 내려오는 미드라인은 하늘 밖으로 끌어올려 주고, 아래에서 올라온 우주끈는 하늘 밑으로 끌어내린다. 오누이의 동아줄은 위로 올라갔고, 호랑이의 동아줄은 밑으로 끌어내렸다.

호랑이가 피를 흘리며 죽었다는 것은 세 번째 해산의 문이 열렸음을 의미한다. 호랑이는 우주에서 가장 강한 자의 상징이다. 우주의 창조자 또는 설계자라고 할 수 있다. 〈매트릭스〉의 후반부에 등장하는 기계마왕과 비견될 수 있다. 오누이는 미드라인을 통해 최후의 방어선인 호랑이를 넘어섬으로써 우주 밖으로 도약했다.

오누이가 올라간 하늘은 하늘 밖의 하늘, 우주 밖의 하늘이다. 여기서부터 오누이는 신인의 껍질을 벗고 선인仙人으로 재탄생한다. 선인은 신인의 차원을 넘어선, 신보다 높은 차원의 존재를 칭한다. 선仙은 〔人+山〕으로, 산山 위로 올라앉은 사람人이다. 산은 물리세계와 비물리세계(사후세계), 그리고 설계자를 포함하는 이 우주감옥 전체를 상징한다.

선인은 산꼭대기에서 더 높은 곳으로 올라선 존재다. 선인에게는 두 가지의 존재가 있다. 원본의 존재와 아바타의 존재가 그것이다. 원본은 하늘 밖에서 찬연하게 빛나는 투명한 빛의 존재이고, 아바타는 인간의 탈을 쓰고 어두운 우주에서 어둠을 밝히는 빛으로 활동한다. 성서에서 좋은 예를 찾아볼 수 있다. 예수는 〈요한복음〉에서 자신을 가리켜 '하늘에 있는 인자'라고 칭했다. 아바타로서의 그는 아들의 이름으로 땅에서 사람들과 함께 살아가는 존재다. 하지만 동시에 아버지로서의 그의 원본은 천외천(하늘 밖의 하늘)의 우주에 머물러 있다. 그것이 선인이다. 따라서 해가 된 오빠는 원본이고, 달이 된 누이는 아바타임을 쉽게 알 수 있다.

누이가 머물고 있는 이 세상은 밤이다. 어둡고, 귀신이 다스린다. 따라서 그 감옥 속에 갇혀 있는 인간들을 구출해야 하는 사명이 선인에게 주어져 있다. 우주 감옥의 문은 안에서는 열 수 없고 밖에서만 열 수 있다. 그 문을 열어줄 수 있는 존재가 바로 선인이다. 선인은 미드라인을 갖고 있다. 선인은 그것을 감옥에 내려 사람들을 끌어올린다. 미노타우로스의 미궁과 같은 우주 감옥에 실을 내려 주는 아리아드네 또한 선인의 상징이다. 그 실을 잡고 미궁 속으로 들어온 테세우스는 아바타다.

한국 전래동화에 가장 흔하게 등장하는 동물 중 하나가 호랑이다. 이 이야기 속에서 호랑이는 포악하고 교활한 악의 화신으로 등장한다. 그러나 다른 관점에서 보면, 호랑이는 우리가 완전한 깨달음을 얻도록 채찍질하는 엄한 스승이기도 하다. 호랑이는 어머니로 위장된 자아의 정체를 드러내 주고, 깊은 산속에 있는 진아의 오두막을 찾아내 준다. 그리고 잔뜩 웅크린 채 밖으로 나올 생각을 못하는 신성(오누이)을 이끌어 내고, 나무꼭대기에 올라서도 밑에 있는 우물을 내려다보며 땅에 대한 미련을 못 버리는 오누이를 힐책한다. 호랑이는 오누이에게 마지막 문을 열어 주기 위해 자신의 목숨을 던지는 것으로 역할을 마무리한다.

어쩌면 호랑이는 하늘 밖에 오르고 싶지만, 태생적으로 오를 수 없는 한계를 안고 있는 슬픈 운명일지도 모른다. 호랑이는 오직 홀로그램 세계에서만 존재하는 가상현실이기 때문이다. 호랑이는 잠들어 있는 현실세계 속 네오를 깨우고 성장시키는 데 필요한 자극을 주는 역할이다. 이 세상에 존재하는 모든 악은 어쩌면 호랑이와 같은 역할을 하는 것인지도 모른다.

2012년 12월 21일은 마야달력에서 13번째 박툰이 끝나는 날이다. 그리고 이튿날부터는 새로운 시대의 박툰이 시작된다. 새로운 박툰의 시작과 함께 인류에게는 매트릭스를 넘어선 새로운 패러다임이 기다리고 있다. 그것은 인간의 활동무대를 우주가 아닌 우주 밖으로 확장하는 것이다. 일차적으로 우주에 국한되어 있던 인간 사유의 범주가 우주 밖으로 확장될 것이다. 뒤이어 문화적인 모든 방면에서 새로운 패러다임이 확산될 것이다.

2011년 12월 19일 아침, 큰 뉴스가 전파를 탔다. 북한 최고지도자 김정일이 사망했다는 소식이었다. 사망원인은 급성심근경색이며, 열차 안에서 사망했다고 한다. 김정일의 열차는 어디를 향하고 있었을까? 2011년은 유달리 사건사고가 많은 해였다. 또한 밑바닥에서 신음하던 민중의 소리가 한꺼번에 폭발적으로 쏟아져 나온 해였다.

아랍권에서 터진 재스민 혁명은 엄청난 희생을 치르면서도, 독재정권에 대한 분노를 담고 튀니지, 예멘, 요르단, 알제리, 오만, 이집트, 리비아, 시리아 등 아랍권 전체로 삽시간에 퍼졌다. 이름하여 '아랍의 봄'이다.

재스민 혁명에 영감을 받은 미국의 청년 시위대들이 세계금융 권력이 도사리고 있는 월가를 점령했다. 이들은 세계 인구 1%가 부의 99%를 장악하고 있는 것에 반발하여, "우리는 99%다"라는 구호를 외치며 시위를 벌였다. 이들의 행동은 미국 전역과 전 세계에서 이들에게 동조하는 동시다발적 시위를 이끌어 냈다. 〈타임〉지는 이들을 올해의 인물로 선정했다. 이름 하여 '미국의 가을'이다.

우리나라 시민사회에서 일어난 정치폭풍도 있었다. 집권당과 야당을 배제한 제3세력이 정치의 전면에 등장한 것이다. 안철수 바람, 이른바 안풍은 그야말로 한국 정치계의 핵폭풍과도 같았다. 안풍은 서울시장 선거에 지대한 영향을 끼쳤고, 대선까지도 이어질 전망이다.

한편 이웃 일본에서는 전혀 성질이 다른 폭발이 일어났다. 2011년 3월, 진도 9.7의 강진과 그에 동반된 지진해일로 일본 동북부지역은 삽시간에 폐허가 되었고, 일본이 자랑하던 안전 1번지 후쿠시마 원전이 대부분 폭발하고 말았다. 그로 인해 바람과 해류를 타고 방사능이 일본 전역으로 퍼졌다. 절대 안전을 장담하던 일본 정부의 위상은 땅에 떨어졌고, 한국을 제외한 전 세계의 원자력 개발붐은 단번에 브레이크가 걸렸다. 원자력은 더 이상 안전하지 않을 뿐더러, 오히려 너무나 위험하다는 것을 온 세상이 알게 된 사건이었다.

한국을 휩쓸고 지나간 구제역 또한 큰 사건이었다. 정부는 단 5개월 만에 348만 마리의 가축을 살처분했다. 숫자로만 단순 비교한다면 부산시 전체 인구와 맞먹는다. 엄청난 숫자가 아닐 수 없다.

한반도 4,500곳이 가축들의 생무덤이 되었다. 무려 200만 명이 동원된 이 거대한 작업에 투입된 돈만 3조 원이 넘었다. 감사원에서 이러한 살처분이 과잉대응이었다는 감사결과를 발표했을 정도다. 덕분에 미국산 쇠고기는 촛불집회의 저항을 뒤로 하고 보무도 당당하게 한국 땅에 완전 상륙하는 데 성공할 수 있었다.

2012년에는 세계 29개국에서 대선이 치러져 정권교체가 이루어진다. 거기에는 미국, 프랑스, 러시아 등 세계 정치에 큰 영향력을 가진 나라들이 포함되어 있다. 한국도 그중 하나다. 아랍의 봄으로부터 불기 시작한 정치변혁의 바람이 올 연말까지 계속 이어질 태세다.

인류에게 종말이란 무엇일까? 인류가 비슷한 시간대에 다 함께 죽음을 맞이한다는 것은 통상적인 죽음과는 의미가 다르다. 종말은 우리의 뒤를 이을 세대를 허용하지 않는다. 인류 역사의 완벽한 단절이다. 지구에서 육체를 갖고 살던 인류가 사라지는 순간, 어둠 속에서 잠자던 혼들은 일제히 더 깊은 림보로 빠져들게 된다. 더 이상 꿈을 꿀 수 없는 깊숙한 블랙홀에 던져지는 것이다. 그러므로 종말이 오기 전에 뭔가를 해야만 한다.

그런데 또 다른 종류의 죽음이 있다. 왔던 곳으로 되돌아가는 순환적인 죽음이 아니라, 왔던 곳을 탈피하는 탈출지향적인 죽음이다. 죽어서 꿈에서 깨어나는 것이 아니라, 살아 있는 상태에서 꿈에서 깨어난다. 이 상태에서는 꿈속의 자신과 꿈을 꾸고 있는 자신의 혼을 동시에 인식한다. 꿈을 여전히 유지한 상태에서, 즉 몸이 살아 있는 상태에서 잠들어 있는 주체를 깨운다. 이것은 꿈의 원리를 뒤집는 발상의 전환이다. 꿈속에 등장해 있는 내가 꿈을 꾸고 있는 나를 볼 수 있고, 통제하게 되는 것이다.

　이 책은 크게 3부로 구성하였다. 제1부에서는 영화 〈인셉션〉을 통해 이 세상의 구조적인 문제를 짚어 보았다. 우리가 현실이라 믿는 이 세상은 복잡하게 얽힌 꿈의 구조로 되어 있고, 우리는 그 꿈에 등장하는 배우들이다. 그리고 그 무대는 바로 우주적 블랙홀의 내부다. 그리고 그 꿈을 꾸는 주체는 소울(혼)이라 부르는 존재다.

　이 꿈에서 깨어나려면 육체가 죽어야 한다. 육체가 죽어 꿈에서 깨면 전혀 다른 세상이 기다린다. 사후세계는 더 이상 우리가 아는 물리세계가 아니다. 이 세상은 꿈이고, 그곳은 꿈이 아닌 현실이다. 현실의 모습은 블랙홀 내부 공간일 것이다. 블랙홀 속의 현실은 매우 고통스러운 삶이다.

　제2부에서는 여러 편의 영화를 통해, 머지 않아 일어날 수 있는 지구종말의 현장을 살펴봤다. 영화 속 지구종말에 관한 시나리오들은 매우 설득력이 있다. 이런 영화들은 단순히 허구에 그치는 것이 아니라 미래에 대한 예언의 성격이 강하다. 따라서 이에 대한 심각한 고민이 필요하다.

　제3부에서 다루었던 주제는 꿈꾸는 주체인 소울의 엑소더스, 탈출이다. 영원한 림보로 빠져들게 될 운명인 혼을 탈출시키는 것이다. 혼은 너무나 깊은 단계의 꿈을 꾸고 있기에, 혼을 완전히 각성시키려면 여러 단계의 노력이 필요하다.

　2012년 12월 21일은 구시대의 종말을 고하는 날이다. 구시대란 우주에 갇힌 협소한 패러다임이 지배하던 시대였다. 그 이후의 인

류는 과연 어떤 모습일까? 우리가 살펴본 영화들은 패러다임의 현
격한 변화를 예언하고 있다.